管理学在中国

Management in China

刘文瑞◎著

中国书籍出版社
China Book Press

图书在版编目（CIP）数据

管理学在中国/刘文瑞著．—北京：中国书籍出版社，2018. 5

ISBN 978-7-5068-6859-4

Ⅰ. ①管… Ⅱ. ①刘… Ⅲ. ①管理学 Ⅳ. ①C93

中国版本图书馆 CIP 数据核字（2018）第 090033 号

管理学在中国

刘文瑞　著

策划编辑：王志刚

责任编辑：王志刚

责任印制：孙马飞　马　芝

封面设计：久品轩

出版发行：中国书籍出版社

地　　址：北京市丰台区三路居路 97 号（邮编：100073）

电　　话：（010）52257143（总编室）　（010）52257140（发行部）

电子邮箱：chinabp@ vip. sina. com

经　　销：全国新华书店

印　　刷：北京旭丰源印刷技术有限公司

规　　格：880 毫米 ×1230 毫米　1/32

字　　数：160 千字

印　　张：8. 625

版　　次：2018 年 7 月第 1 版　2018 年 7 月第 1 次印刷

书　　号：ISBN 978-7-5068-6859-4

定　　价：98. 00 元

自　序

刘文瑞

伴随着中国经济与社会的发展变化，人们越来越重视管理学。学术上的管理理论与实践中的管理问题，都值得我们不断发掘和探索。笔者从事管理学教学与研究多年，对管理也有了诸多理解和感悟，总想把这种心得写出来，作为同道的参考和镜鉴。本书就是缘此而作的系列著述中的第一本。

在中国钻研管理学问，修炼管理技艺，领悟管理奥秘，有三种关系值得重视：

其一，中学和西学的关系。众所周知，管理作为一门学科是舶来品，西方的工业化过程使管理由经验走向科学，并伴随着西学东渐传入中国。从民国时期的穆湘玥（即穆藕初，最早翻译了泰罗的著作）、杨铨（即杨杏佛，创立了中国科学社），到改革开放后的大规模引进、留学和文化交流，中学与西学有着诸多碰撞、渗透和冲突。毋庸讳言，西学进入中国之初，不但具有技术上的强势，而且伴随着血与火的洗礼。长期的对抗，使人们在潜意识层面形成了非此即彼的立场。然而，西化派面临着水土不服的难题，本土派束手于抱残守缺的困境。以平等态度对待中学和西学，在全球化大潮中彰显本土特色，使普适学理与民族文化相得益彰，至为重要。研究管理，需要消除欧美中心的强势挤压，也要防范唯我独尊的不可一世，从对立的华夷之辨，走向寻求与建立人类命运共同体的和而不同。

其二，科学与人文的关系。近代以来，科学取得了辉煌成就，令无数世人顶礼膜拜。然而，人类生活不全由科学支配，情感、文化、意志乃至各种非理性行为，促成世界的绚丽多彩。两种文化的碰撞，在中国有科玄之争，在欧美有斯诺之问。管理学的不同学派以及思想演化，同科学与人文的张力紧密相关。试图用科学支配一切，号令世界，或者试图以人文冷眼向洋，统领全球，都会受到另一方的制约和矫正。如果仅仅从科学和人文的对立角度思考和处理问题，未免狭隘。研究管理，既要有科学素养，又要有人文情怀，进行左右互搏的修炼，方可达到通明之境。

其三，理论和实践的关系。人们瞧不起与实践对应不上的空头理论，也看不上没有理论价值的琐细实践。许多人都强调理论与实践结合，希望在仰望星空的同时又做到低头看路。然而，见大则忘小，观微则失宏。学者西蒙曾经说过，如果让杰出的企业家上大学讲台，让一流的教授去经营企业，只会得到糟糕的理论和糟糕的绩效。学者要处处生疑，实务要事事坚信。不生疑就难以得到多种解释，不坚信就无法获取事业成功。即便可以跨越二者，偏向学者会优柔寡断，偏向实务则会固执己见。实务者能从学术思考中得到行为启迪，理论家能从经营实践中得到学术养料，是处理二者关系的基本准则。随着中国经济的发展，中国的管理研究也在突飞猛进，照搬西方的教科书已经不能满足需要，沉迷于象牙塔的自我陶醉也会使学术的方向走偏，下接地气，上观星空，既要通达，又要兼容，使我们对管理现实有更深刻的理解，对管理理论有更透彻的认知，这才是著书立说的使命。在博瑞森掌门人张本心先生的鼓励下，这本书得以面世。但愿能够抛砖引玉，为实现这一使命而尽菲薄之力。

刘文瑞

于西北大学公共管理学院

2018 年 3 月 30 日

目　录

第一章

管理学在中国的传播

20 世纪 70 年代末，中国进入改革开放的新时期，从此拉开了厚重的帷幕。随着经济建设和改革的需要，对外开放使国外的各种管理思潮陆续登陆中国。随之而来的，有叫好，有怀疑，有抨击。各种观点的合力，使管理学这一舶来的洋学科在中国迅速生根、发芽、结果。国外管理思潮在中国的传播，所带来的影响是复杂的，假如把它喻做一种移植，其果实既有饱满丰硕者，也有青涩干瘪者，还有变异更新者。归纳总结这一短暂的历史，能够帮助我们对管理学在中国的趋势和走向做出恰当的判断。

1. “春江水暖鸭先知”

虽然管理学的迅猛发展是上世纪 90 年代以后的事情，但是，80 年代的那些先行者筚路蓝缕，功不可没。

最先系统全面地开始在中国介绍各种国外管理思潮的系列著作，首推 80 年代初期由马洪主编、中国社会科学出版社出版的《国外经济管理名著丛书》。马洪作为一个“三八式”的老革命，长期参与国家计委直至国务院副秘书长等领导工作，而担任中国社科院院长等职务又使他对理论问题具有敏锐的观察力。80 年代初期，他就开始主编这套丛书（马洪为丛书写的总序署名时间为 1981 年 9 月）。这套丛书的选编，在当时来说，反映了当时中国学者对国外管理思潮所能达到的最高水平。别的不说，仅仅其选定的 36 种书目，以今天的眼光看也水准极高，国外管理学发展过程中的大师经典之作基本囊括无遗。到1991年，这套丛书出版了19种，由此，奏响了西方管理思想在华传播的先声。而这套丛书的主要编译者孙耀君，也以《西方管理思想史》（山西人民出版社1987年）而蜚声全国。

政府为了发展经济的强势推动，对西方管理思潮进入中国推波助澜。1984年，以当时的国家经委为首，向全国企业推广十八种现代管理方法，其中来自西方的方法，包括目标管理、全面质量管理、价值工程、ABC分类控制法、网络计划技术、线性规划、投入产出法、看板管理、量本利分析等等。这种行政式推广，本意是要解决企业生产管理的技术问题，然而，任何一种管理技术，都有它隐含的思想支撑。所以，西方管理思潮也乘势而来。

更重要的是，当时的党和国家领导人对管理学的推广十分热心，德鲁克（当时翻译为杜拉克）的《有效的管理者》经过某中央领导人的推介，其“删节本”曾经以学习资料的形式发到了各级党政干部的办公案头。一时间，学习管理蔚然成风。笔者自己，就是由于当时缺乏管理学教师，在这种大潮中身不由己被推上管理学讲台的。

“风乍起，吹皱一池春水。”国外的管理思潮开始风靡中国。当然，当时的认识和理解还极为粗浅。比如，有本书竟然把管理学创始人法约尔和费尧当作两个人来介绍（其实都是H. Fayol的音译）。这既反映出当时管理学之热，也反映出当时管理学之浅。不过，这是一个不可逆的过程，序幕一旦拉开，后面的势头就不可阻挡。

2. “病树前头万木春”

经济刚刚起步的中国，对管理学的需求犹如今日股市的涨停板。到 90 年代初期，西方管理思潮开始“成建制”地在华传播。如果说 80 年代还有点像游兵散勇，90 年代就进入了方阵分列式阶段，大量西方学派引起了人们的重视。其中有三位学者及其所代表的学派最有代表性。即孔茨、西蒙和韦伯。

孔茨以及管理过程学派在这一时期，在管理学教学领域独领风骚。1982 年贵州人民出版社出版了孔茨的《管理学》，此后的 20 年，这本书几乎成为使用最广的翻译教材，而且也成为国内教材编写的“模板”。属于同一学派的其他著作，也陆续进入中国（如纽曼和萨默的《管理过程——概念、行为和实践》，再后来如罗宾斯的《管理学》）。不管这类著作有多少种，其基本模式是以管理职能的分析论证为主体结构，从计划、组织、人力资源、领导、激励、控制等等方面来建构管理理论体系。虽然不同的著作关于管理职能有详有略，有增有减，有分有合，但逻辑框架是一致的。至今，中国的管理学教育依然是这一学派的一统天下。

理论界的探索要比课程教学走得更远一些。这一方面，决策理论学派的西蒙可堪称代表。1991 年，西蒙的《管理行为》汉译本由北京经济学院出版社出版，在此前后，他的思想引起了中国学术界的高度重视。作为以管理学家身份获得诺贝尔经济学奖（1978 年）的第一人，而且他又在 80 年代与中国学界在人工智能和计算机领域有着密切的合作关系，他所提出的有限理性、决策心理机制、决策的事实前提和价值前提、组织和权威研究、决策程序等等，对古典管理学提出了严峻挑战，而且顺势对经济学中的完全理性假设予以质疑。这使他的理论在行为科学的研究上大大向前走了一步，严密的逻辑实证和心理分析，传承了英美经验主义的哲学传统，与波普尔的“证伪”、库恩的“范式”，在学理结构上不谋而合。所以，得到了中国学界崇尚理论者的特别青睐。一时间，中国的管理学界不管读没读过西蒙的原作，都要说几句“有限理性”。甚至不管是否合适，都会在教材中“插入”西蒙的只言片语。不过，这种热情，往往局限在学究们的圈子里。由于西蒙的理论更多的是认识论性质的讨论，管理实践领域对他的兴趣并不大。

韦伯的情况比较特殊，作为一个以社会学、宗教人类学和历史学闻名的百科全书式的学者，这位严肃认真的德国佬最初不是在管理学界热起来的。中国人最早得知韦伯的思想，是在历史文化领域和刚刚起步的社会学领域。不过，他关于社会组织的研究，尤其是人类权威和社会组织的类型学分析，对于构建管理学理论基础是不可缺少的环节。他关于传统、超凡、法理三种权威的论述，以及基于法理权威的官僚组织（科层组织）理论，本来就是古典管理学的支柱之一。尽管人们最初听到“祛魅”“克里斯玛”等与韦伯相关的词汇来自于文化与社会研究，但很快就成为管理学领域的常客。所以，在管理学基本理论的传播中，产生了一个很有意思的现象，就是为现代管理学提供理论基石的西蒙在中国反倒走在前面，而为古典管理学提供构建基础的韦伯却姗姗来迟。这种现象，在后起国家的学科发展中非常普遍。就以《国外经济管理名著丛书》为例，在理论提出年代上相当靠后的“Z 理论”（威廉·大内），其著作译介的时间却比较领先（1984 年）。这种在原产地循序渐进的学术思潮，不分先后同步进入发展中国家，往往会使相应理论和观点发生微妙的变异。

除了上述三位学者，大量的翻译作品，使中国人初步领略到管理学理论领域的学派分歧和观点之争。“管理理论的丛林”成为学界的口头禅。到 90 年代中期，中国的管理学领域，已经开始感受到多样化的魅力。

3. “柳暗花明又一村”

西方管理思潮在 90 年代席卷而来，但是在管理实践领域却没有激起大的浪花。从打开国门后，人们对国外管理思潮的学习，似乎重蹈了“中国式学习”的老路。用句俗语来说，就是“看了感动，听了激动，学了不动。”造成这一现象的一个重要因素，就是随着西方思潮的进入，“水土不服”也就伴随产生。许多现实中的经理一脸困惑：西方的那些玩意儿，听着都不错，但实践中却用不上，即使能用上也没效果。真正解决问题的，往往是土办法。而且，学界也有不少人对推崇西方思潮有着情感上的抵触，“数典忘祖”的批评不时响起。尤其是政治上强调“中国特色”，更是为有些学者鼓足了底气。于是，国外管理思潮的冲击带来了一个有趣的反弹，就是反求诸己，在本土资源中寻找构建管理学理论大厦的路径。这种工作一直有人在做，到 90 年代后期，已经颇为可观。

对于在本土文化中打造新的管理学理论，大约有三种思潮较有代表性。一是直接用传统文本来阐释现代管理，有从“半部《论语》治天下”出发谈管理者，有从《道德经》的“天人合一”出发谈管理者，有从《孙子兵法》的战略战术谈管理者，更有从“三十六计”“水煮三国”“凤姐治家”“唐僧团队”等等角度谈管理者，不一而足。平心而论，这种讨论者往往对西方管理学并不了解，缺乏管理学的基本训练，生搬硬套，勉强比附，在管理研究中属于等而下之，谈不上思潮，有的甚至不过是搅混水而已。不过，也有一些以其知识的普及性和语言的风趣性拥有了较多读者。

真正有一定影响且具备一定学理的，是以比较日本与美国管理模式异同的“Z 理论”为参照系，归纳总结出的“中国式管理”学派。其代表性人物，当属来自台湾的曾仕强。相比较而言，曾仕强的思想，要比那些以传统文化之“玄妙”蒙人的所谓《易经》大师之类高明许多。必须指出的是，以传统文化论管理，既有严肃学者，也有天桥把式，不能因为天桥把式的活跃就把严肃学者也一概抹杀。判断那些讲传统文化的管理研究者是学术研究还是江湖术士，有一个十分简单的方法：凡是学术研究，肯定要把复杂的事理说明白；而凡是江湖术士，则肯定要把简单的现象说玄晕。至于严肃学者依赖各种媒体堕落为江湖术士，天桥把式依赖潜心苦读升华为严肃学者，这需要另行专门撰文研究。真正研究中国式管理者，往往立足于中国的伦理本位和人情面子作用，注重社会结构与文化心理的中西差别，采用中国式的相对模糊方法，来构建管理的技能体系。在这一方面，正是对西方式管理的反弹，使相当一批学者做出了一定的成果，而且对于管理实践具有实际效用。但是，这种研究能否形成完整而独立的学科体系，学界尚有疑问。

值得重视的是，把中国的社会文化因素与国外的管理思潮有机融合为一体，这似乎是管理学在中国得以发展的重要途径。在这方面，较有代表性的是席西民提出的和谐管理理论。和谐的思想因子，与中国本土文化紧密相关，但是，对和谐因素加以模型化解构分析，形成可量化、可验证的学说体系，又是典型的西方式研究路径。中西二者的结合，在一定程度上解决了中国传统文化中对和谐的模糊性解说所造成的逻辑含混问题。不过，这一理论尚需在管理实践中不断验证发展并调整完善。

4. “为有源头活水来”

进入21世纪以来，尤其是加入WTO以来，中国经济显示出较为强劲的上扬趋势，管理学也开始从西方引进更多的学派和理论。由于中国经济发展的后起性质，使这一阶段的西方管理思潮引进不是原地踏步，而是表现出更为深刻地溯源、批判和发展。国外源头的潺潺活水，滋润着中国管理学的真正成长。其中以巴纳德、德鲁克、阿吉里斯、明茨伯格和汉迪的思想具有代表性。

巴纳德的思想成熟于30年代的经济大危机之后。1929年纽约股市的崩盘，迫使资本主义世界开始正视自己的制度缺陷，管理学也开始调整方向。以泰罗、法约尔等人为代表的古典管理学，一直把效率放在首位。而经济大危机使欧美人认识到，高效率并不见得能给人类带来福音。巴纳德由此而调整了管理学的发展方向，1938 年，他的《经理人员的职能》问世。这一著作对组织与管理作出了比前人深刻得多的解释。他以协作和组织平衡为基调来研究管理，提出了一系列新的原理。如果说，在之前，管理学家有意无意地把员工看作实现组织目标的工具，而到巴纳德这里，观念被颠倒过来了，组织变成了员工实现自身发展的工具。所以，组织目标不是来自内部，而是来自社会；权威不是出自发布者，而是出自接受者。以人为本的思想，到他这里才从理论上得以根本性证明。正是这一原因，有学者认为，现代管理学体系，实际上就是巴纳德—西蒙体系。有意思的是，在中国 80 年代的管理学书籍中，巴纳德的名字很少被提起；90 年代逐渐增加，但思想介绍依然片断零碎。直到世纪之交，他的著作终于在中国正式出版。这意味着中国的管理学已经不满足于“急用先学”，而是开始静心追溯现代管理学的源头。

德鲁克被人们号称大师中的大师，早期对他的介绍，往往集中于他提出的目标管理和管理艺术等实用性内容，而对他立足于人类社会发展的深远忧思有所忽视。新世纪以来，对德鲁克的介绍评价已经非常全面。尤其是随着他的去世，人们更感到了他的价值。现在，他的所有著作都有了汉译本。阿吉里斯则是组织学习理论的奠基人，对组织与人性的冲突有着异于常人的见解；明茨伯格则是经典管理理论的批判者，是一只管理学界的“牛虻”。他们的著作不断被译介到国内，而且本人也频繁到中国亮相，近年中国的各种管理论坛，往往能够看到他们的身影。这在一定程度上，说明中国管理学正在逐渐走向成熟。这几位有一个共同特征，就是其理论都富有批判性。不过，在学术界和实践界略有不同。学术界对他们的理论开始刨根问底，而实业界和媒体更多地把追随他们看作一种时尚。

汉迪在中国的走红，是最近几年的事。这位先生被号称作“新秩序的预言家”。他所称道的四种文化，组织与人的关系以及对未来管理的推论，吸引了不少中国的管理学者。严格来说，汉迪的思想地位尚未形成学界公论。中国对汉迪的热情，来自于管理文化热的熏蒸和对管理未来的窥测。如果这一思潮能够持续下去，或许能够使国内管理学界的眼界更为开阔。

5. “各领风骚三五年”

管理学离不开实用，而中国在西方思潮的冲击下，对管理理论的实用性作出了自己的解读和发挥。对于西方兴起的新式管理方法和技术，中国人往往不甘落后，快速移植。而这种移植往往呈现出周期性和时尚性热潮。在社会发展缓慢且稳定的古代，时尚可以“各领风骚数百年”，时至今日，日新月异的社会发展速度使得时尚的频率变成了“三五年”甚至更短。

80年代，代表性的时尚来自于全面质量管理。一时间，大小工厂都建立了质量办。笔者亲眼见到，新写的“全面质量管理办公室”的牌子下面，“工业学大庆办公室”的字迹还隐约可见。全员、全方位、全过程的质量管理，成为厂长经理的口头禅。质量管理具体方法有所谓“老七样”“新七样”的说法，培训班办了一茬又一茬。但到 ISO 认证体系出现后，全面质量管理基本销声匿迹，到今天基本上已经被“六西格玛”所取代。

从 90 年代到世纪之交，这种实用性的管理时尚一波接一波，具体内容包括哈默和钱皮倡导的流程再造，圣吉号召修炼的组织学习，还有现在尚未完全冷却的“基业常青”，依然风头正健的“蓝海战略”和“长尾理论”，等等。这些管理时尚，引领着管理实践界。定力稍差，就会身不由己跟上去。在“流行”面前，机遇和挫折并存，浮躁和反思共在。也许，中国管理学的发展和不足都在这些管理时尚的潮涨潮落中有所表现。

6. “遥望灯火阑珊处”

在西方思潮的冲击下，更重要的在中国经济高速发展的强力引导下，中国管理学的发展是快速的，进步是明显的。国外的百年磨炼，我们要在十几年内赶上来。引进的理论，不过是冲刺途中的领跑者。正因为其快速，所以，有些步伐不够稳当，有时还会趔趄踉跄，更重要的是，绕过甚至跳过了一些必经阶段，致使中国的管理学在跳跃奔跑中又要不断补课。笔者认为，要使中国的管理学具有发展后劲，就必须正视前期引进和追赶过程中已经显露出来的某些问题。一旦这些问题能够解决，那么，挑战就会转变为机遇。

一是管理思潮中的中西关系问题。从近代以来，对于西学的冲击，一直没能找到协调中西关系、融合中西思想的有效途径，从晚清的“中体西用”，到今天的“学习西方先进技术为社会主义现代化建设服务”，一直隐含着对立思维。用生物学的名词比喻，坚持“中体”或“中国特色”，类似于强调基因遗传；而坚持“西化”或“现代化”，类似于强调物种变异。如何使二者走出对立走向融合，是中国管理学发展的关键。

二是管理理论中的学科关系问题。管理学不是封闭的，即使在西方，其他学科的渗透和影响，往往是管理学范式变化的契机。没有社会学的诞生，就没有古典管理学；没有心理学的渗透，就没有行为科学；没有多学科的综合，就没有当代管理学。经济学、社会学、政治学、数学和工程学的协同作战，对于管理学发展至关重要。

三是管理活动中的知行关系问题。管理学不仅在于“知”，而且在于“行”，学理探讨和实践操作相辅相成。管理学的发展，既要避免变成不切实际的“屠龙术”，又要避免变成缺乏理论的“投机术”。知行关系，就其本质来讲，是管理思想和管理技术的关系。

四是管理学说中的学派体系问题。由于中国的文化背景影响，我们往往会追求理论体系的“唯一正确”，形成思想上的一元倾向，而忽视甚至排斥学派的多样性，不能容忍思想上的冲突和交锋。这种倾向对管理学的发展危害最大。中国的管理学能否走出快速发展的瓶颈，突破“大一统”的“卡夫卡峡谷”，决定着未来管理学的走向。

第二章

管理领域的“西学东渐”

1. 入世以来的“师夷长技”所得

不管中国经济怎样增长，实业界和学术界心里都很清楚，在市场经济方面，我们毕竟是后来者。所以，这十几年的总趋势还是学习，先当学生后当先生的主旨未变。但是，加入 WTO 意味着在国际上要用同一种规则说话，要按同一种规则做事。所以，“天朝自有法度”的心态已经在国际交往中吃不开了。即便对内还能以国情不同坚守那些西方所没有的东西，对外也得装扮出欧美绅士的风度；在家里面条包子吃饱管够，到外面还得学着用刀叉切牛排；国内武术可以用少林心法与武当秘技，去国外则必须用他们认可的拳击或者散打。这种时代变迁使这一阶段对西方管理的学习，已经同上世纪八十年代乃至九十年代的学习有了很大的变化，从而把改革开放分成了两个阶段。也许，这就叫作“转型”。

大体上，加入 WTO 后中国对西方管理的学习，同此前相比，有了以下进展：

第一，更扎实地学习。这种扎实，表现为不再满足于“西方先进”的宏大叙事，也不再局限于零敲碎打的局部模仿，而是试图从体系上把握西方管理的本质，在充分消化的基础上为我所用。例如，现在国内说起泰罗的科学管理，不再停留在科学管理的原则阐释阶段，也不是仅仅盯着泰罗时期的工时研究和动作分析，而是从组织流程的系统化和精密化角度对泰罗制予以创造性的发挥。如中航工业自控所的流程化管理，不仅要回到泰罗，而且要超越泰罗（详见张新国《新科学管理》中关于中航工业自控所的案例介绍和分析，机械工业出版社 2011 年）。即便是在笔者进行的管理培训中，也发现了一个显著变化：过去，一谈到西方的管理学说，那些中小企业的经理人员，往往会认为西方的东西远水不解近渴，听着好听而距离我们太远，现在则由衷感受到这些东西确实有用，值得学习。如果说，早期的学习西方管理，有点像刚学开车的新手，只顾单一的操作，一倒车就刮蹭，一起步就熄火，现在则像老练的司机，知道注意细节观测与宏观视野的统一。

第二，并行式学习。与八九十年代不同的是，随着中国经济的快速发展，中国企业对与西方新创的管理理论与管理技术，基本可以同步展开。例如，卡普兰 1996 年出版了《平衡计分卡》一书（尽管卡普兰和诺顿关于平衡计分卡的论文是 1992 年发表的，但在企业界大面积推广是在书出版之后），1998 年就有了汉语译本。此后卡普兰关于平衡计分卡的系列著作，汉译本几乎都是稍后就同步出版，而且在中国有了专门从事推广平衡计分卡的咨询公司（如得到卡普兰授权的博意门咨询公司等），暂且不论其推行效果如何（连卡普兰自己也说世界五百强推行平衡计分卡有不少理解上的错误），起码在快速跟进这一点上，中国企业界、咨询界和学术界毫不逊色。由于难以进行具体的统计分析，仅仅从媒体报道的情况来估计，中国大型企业推行平衡计分卡的比例，应该同世界五百强的比例不相上下。连卡普兰本人，也曾数次来中国专门讲述平衡计分卡以壮声色（2008 年在华为就讲过）。至于有些企业关于学了平衡计分卡后的成效，更是常见于报刊报道。值得指出的是，伴随着中国人底气的上升，业界对平衡计分卡在执行过程中的失误，也有了同国际类似的抨击和分析。这些都说明了中国学习西方管理已经今非昔比。

第三，情境化学习。毕竟，中国不同于西方，因此，在向西方学习过程中，肯定会碰到水土不服的问题。例如，印度裔学者普拉哈拉德于九十年代提出的核心竞争力，很快就在中国流行开来。现在，核心竞争力这一词汇，几乎成了管理时尚而且经久不衰。问题是中国的企业同欧美的企业存在着较大的不同，制造业为主的产业结构，代加工形成的生产方式，粗放式经营的快速扩张，制约着中国企业核心竞争力的内涵和外延。普拉哈拉德说的核心竞争力本来强调的是能力，而且必须是“不能拷贝”和“不可模仿”的能力。但在中国情境下，这种他人学不到的核心竞争力多数无法实现。所以，中国企业对核心竞争力的追求，很快就撇开了普拉哈拉德的告诫，变成了能叫得响打得出的产品（普拉哈拉德恰恰强调核心竞争力不是产品，在他的论述中，产品是枝叶，能力才是根本），进入中国情境下的核心竞争力，标志就变成了拥有专利技术、自主知识产权和知名品牌。正是中国情境，使中国企业的核心竞争力在眼下还无法达到他人“学不去”境界，所以不得不聚焦于外显的“自主性”产品。但是，如果仔细分析中国企业对核心竞争力的理解，就会发现，这里面不存在对普拉哈拉德的歪曲，而是中国情境下的变通。这种变通，恰恰是一种理解后的学习。

第四，改造型学习。应对中国情境的另一种方式，是干脆改造西方的学说，拿过西方的概念为我所用，名称是来自西方的，内涵却是中国的。学习型组织就是这种改造型学习的一个范例。如果说，情境化学习是在西方理念中渗透中国元素，那么，改造型学习则是在西方框架下阐释中国理念。自从 1994 年彼得·圣吉的《第五项修炼》一书传进大陆后，学习型组织的热潮就在中国迅速扩展，尤其是官方的倡导，使组织学习几乎波及各个领域，不仅企业在创建学习型组织，而且整个社会要创建学习型机关、学习型单位、学习型社区和学习型村民小组等等，一直扩展到学习型社会，2010 年中共中央还提出推进学习型党组织建设。但是，作为一种影响极广的管理学说，除了还有一些专家在认真地辨析学习型组织的本意外，多数人并不考察组织学习理论的内在逻辑，连热衷于来华传道的圣吉本人也感到无奈。在实践领域，学习型组织的中国本土化最为彻底，其内涵完全被改造，尤其是党政机关所说的学习型组织，基本上就是过去政治学习、思想教育的改进升级版。即便是在企业，人手一册的《第五项修炼》，修炼的也不是独立性和自主性，而是服从上级的执行力和贯彻领导意图的忠实性，几乎失去了西方组织学习理论追求组织与个人和谐的本来意义。但毕竟时代不一样了，这种组织学习，毕竟要在概念和方式上“与时俱进”，所以，在创建学习型组织的过程中，过去常用的灌输方式有所改进，注意到了逆向的反思和观念的转变。可以说，情境化学习中不管包含多少中国元素，其实质是“以夷变夏”；而改造型学习中不管采用了多少西方名词，其实质是“以夏变夷”。

第五，创造型学习。所谓创造型学习，既不是情境化的“以夷变夏”，也不是改造型的“以夏变夷”，而是夷夏融汇形成一种新的东西。比较典型的创造型学习范例，是在政企分开后为了完善企业的市场主体地位而产生的中国式治理理论（国内在企业之外的领域倡导的“善治”也是如此）。西方的治理理论，建立在两权分离和委托代理的基础上。然而，西方的产权体系和社会基础（包括它们的政府体系和法制背景），使它们的企业治理同中国的企业治理有着极大的差别。中国的产权明晰、两权分离、委托代理、独立董事等等，名称同西方完全一样，但实质有着巨大差别。在治理理论上，中国确实是在向西方学习，但这种学习的内涵，不但几乎全部针对中国元素，而且几乎全部来自中国理念，其中所有的概念和逻辑，都不能也无法按照西方的解释进行制度设计和安排。然而，中国的治理理论在所用的方法上又确实来自于西方，采用的是西方的分析方法和制度框架，建立在理性经济人假设的基础上。所以，这种学习，实际上是一种创造，是以西方经济学的理性分析和逻辑建构方法，建立中国式的治理结构。由此，我们不难看到，外观同西方非常相似的企业治理结构，在运行中表现出的全是“国货”。国企不论名称和结构如何，实质总是同国家体制类似；民企不管大小和经营范围，实质总是同民情习惯吻合。这一点，非常需要引起我们的重视。中国为何总是看重“潜规则”（不论是官场的潜规则还是民间的潜规则），正是这种学习的反映。通过这种创造性学习，外在的西式制度框架，创造性地容纳了中国人自己的行为准则。观察大小企业的治理结构，尤其从其运行中的重大事件中不难看出，治理结构的名词十分西化，但内涵十分中国，理论假设是西方的，价值准则是中国的，而且糅合得相当彻底。

2. 入世以来萌发的“制夷”倾向

在另一个方面，随着中国经济的崛起，对西方管理学说的态度，国人还有一些微妙的变化。西方的管理学说在中国引起的，不全是虔诚的学生态度，而有着“刺激—反应”式的回弹。所以，西方管理学说在中国引起的，不全是学习，还有抗辩。中国在学习西方管理的过程中，既有跟进和模仿，也有回应和反弹。正如人体受到异物侵入时，既有吸收和融化，又有排异和免疫反应一样。过去，中国也有不少人批判西方中心论，但这种批判，往往夹杂着近代以来遭受的屈辱陈述，学理分析不够。所以，这种批判实业界不大认同。以往社会上的反对西方舆论，也是来自民族国家的爱国热情，而不是出自对西方弊端的理性反思。因此，在管理学领域，很少有像其他领域那样板起面孔教训西方的。

如果把文化研究同管理研究的论著中对西方的态度加以统计比较，就有可能看到很有趣的差别。文化领域是《别了，司徒雷登》的口吻占主流，管理领域则不一样，基本上认同西方。当中国人说“先进文化”时，潜意识中是排斥西方的；而说“先进生产力”时，能明显意识到必须包括西方而且承认西方的领先地位。

但是，长期受西方的压抑，总憋着一口气。过去，在文化领域可以唱出东方文化拯救西方没落的高调，而在企业经营领域则缺乏这样的底气。现在，中国的经济总量达到世界第二，中国人就有理由对师傅睥睨一把。所以，这十几年来，中国对西方管理学说的“反弹”也日益明显。以“中国模式”的提出和宣扬为标志，中国对西方管理学说有了另一种反应，这种反应现在还在快速增长。潘维的《中国模式——中华体制的经济、政治、社会解析》可以看作是中国模式论的一个代表。（有趣的是，关于中国模式的发明权，学界却要归之于西方，以崔之元翻译的、高盛的顾问雷默提出的“北京共识”作为提出中国模式的代表。这正好可以反映出某种不自信。既要反对西方语言霸权，又要以西方的表述作为自己观点的佐证，这种逻辑矛盾只有不自信才能解释。《北京共识》一文，正是90年代迅速走红的新左派人物之一崔之元翻译介绍到国内的，而崔之元又是给红色管理唱赞歌的学者。因此，可以把他作为学界反击西方管理的一个代表。崔之元以及新左派在华代表汪晖等人，他们的理论要突出中国特色并排斥西方，但他们恰恰要借助西方的学术强势才能表达出自己的观点，这种方式很值得思考。）中国模式涉及面相当广泛，当然也包括管理领域。这种中国模式对西方的反弹，有以下问题需要引起重视：

第一，学生要教师傅。这方面的代表是中国式管理的流行和传播。但是，以曾仕强为代表的中国式管理，其成功在于普及和培训，其不足在于学术和理性。作为一种与西方抗衡的管理学说，中国式管理尚不能在理论层面展开与西方管理学界的对话。“发展是硬道理”，中国眼下确实取得了经济上的迅速增长，所以，中国式管理也就有了同西方式管理叫板的硬气——只有我们这只猫，才是能捉住老鼠的猫。问题在于：中国式管理排斥了西学吗？恐怕曾仕强也没有意识到，用西方的科学方法研究中国传统，从本质上属于西学而不是中学；用西方的逻辑体系来解释儒家道家法家，那只是保留了中国元素而不再是中国学问。例如，当你采用“哲学”这个词汇而不是采用“道”和“理”的时候，当你使用“主义”而不是使用“名教”的时候，所表达的就已经是西学了。中国式管理要同西方对话，就要采用西方的方法和逻辑；要坚持国学传统，就无法向西方传播。以博弈论来解释田忌赛马，其本质依然是西学，然而要坚持真正的中学，现在已经不具备条件。学生不是不能教师傅，但必须拿出超越师傅的货色。如果是用西式科学方式解释中国元素，那么，不客气地说，不仅在管理领域我们无以相对，哪怕是在很自豪的文化传统领域，海外汉学研究也比国内的水平高出不少，国内的学者要走出去还有一定差距。

第二，“中国优势”论。中国在经济起飞的过程中，确实有许多事情是西方无法做到的，最能代表这种中西差异的是“集中力量办大事”。在抗震救灾、举办奥运等事项上，这种优势尤为明显。但是，“集中力量办大事”隐含的内在逻辑，是对计划体制的肯定。市场体制下也有集中甚至有垄断，但那是市场调节的结果，我们的“集中力量办大事”本质上是非市场调节的。许多赞扬市场体制的学者，经常用市场可以优化资源配置作为说辞，殊不知这种说辞恰恰有着致命缺陷——如果计划体制能够更优化地配置资源，市场体制就没有存在的理由。从本质的意义上讲，市场体制和计划体制的区别，不在于资源配置和效率，而在于市场尊重个体的自主选择，计划体制强调必须服从比个体选择更优的计划安排。市场经济最大的优势是交易的平等和自愿，而计划经济的最大优势恰恰在其合理性。白花花的银子不一定是市场经济，权利不平等一定不是市场经济。中国优势能否保障个体的选择权，这是它是否值得弘扬的关键。而中国经济的发展，并未对此给出足够的证据。也就是说，优势很有可能会走向“致命的自负”。

第三，非意识形态的意识形态管理。自从加入WTO，意味着在经济活动中不再以意识形态差别为依据。严格意义上讲，从改革开放之初，中国就在管理领域开始了意识形态的解禁。但是，多年的冷战和封闭，意识形态冲突留下的历史遗迹，不可能一下子就清扫干净。而且过去意识形态化管理的有效性，往往会使管理者引以为荣。于是，类似于“红色管理”的方式，在经济崛起的过程中也被发扬光大。革命时期动员社会力量的做法，包括以理想教育激发下层力量，以组织纪律保证行动统一，以打歼灭战取得竞争优势，以统一战线得到广泛支持等等，放到现在依然行之有效。所以，“走长征路”“整风”“肃反”“三大战役”等等手段，都成为在时代变迁以后仍然可以复制的成功样板。过去的成功和辉煌，就是这样走过来的，没有理由怀疑它不会继续成功。这些是真正具有中国特色的东西，不仅西方没有，就是“老大哥”苏联也没有。尤其是现在身居要职的企业老总和政府官员，他们的经历中渗透了这些方式的无意识积淀，用起来得心应手。然而，经济建设和现实管理又要不分姓社姓资，不管白猫黑猫，于是，“红色”不再是目的而是行为手段，由此而来的是“红色”与“管理”的脱节，价值与工具的断裂，此即非意识形态的意识形态管理。这种管理在中国情境下是有效的，然而其特殊性在于它只能在中国背景下实施。中国的崛起在一定程度上依靠的就是这种方法，但这种方法的悖论是，一旦意识形态化的方法被非意识形态化后，这种方法的正当性和合法性就有了疑问。

显然，在管理领域，向西方学习和以中国模式应对西方，在当今依然是值得研究的主题。这里面的基本逻辑，是管理的普适性原理与国情的特殊性需要之间的种种关系。在一定意义上，这是近代以来“中体西用”“全盘西化”“西体中用”“以夏变夷”等等思考的逻辑延伸。“阳光下没有新鲜事”，历史在现实中轮回。但是，每次轮回，都是一种再生和超越。分析其中的道理，何以轮回？何处超越？哪些地方是漩涡？哪些地方有激流？这对中国走出“卡夫卡峡谷”是具有意义的。

中国崛起有着重大影响，但是不是像有些人预测的那样，需要斟酌。有人说：“美国走向衰落已是全球共识，同时必然意味着世界格局的巨大变化和剧烈调整。东风压倒西风，世界权力重心向新兴国家转移，国际政治经济体系告别西方说了算的时代，这已经是由全球生产力发展的现实和趋势决定了的。”对这种亢进中隐含的当老大意愿，目前还不能作为定论。风水轮流转，但明天是否就能到我家，不是一厢情愿的事。实际上，对所谓北京共识，所谓中国模式，学界争议极大。窃以为，近代史依然在重演，改革开放向西方学习，相当于洋务运动；承认市场经济不分姓社姓资，相当于从洋务到维新；加入 WTO 与国际接轨，相当于从维新到立宪；社会矛盾的积累相当于清末新政，会不会从立宪走到革命，要看当局的应对。当然，这种重演，角色变了，服装变了，内涵外延都在变，所以，不能简单比附。但是，如果有历史眼光，可以对问题看得更透彻。近代的同治中兴和清末新政，都曾经有过大量类似于今日“中国崛起”的说法，但不久都破产了。如果仅仅从经济总量角度看，很可能失之偏颇。只有平心静气对此认真研究，才能真正有益于国家和民族的进步。

第三章

颜值与气质：管理理论在中国

经过近四十年的改革开放，管理学在中国从无到有，从单一到多元，得到蓬勃发展。从“照着讲”到“接着讲”，现在已经进入跃跃欲试“自主讲”的阶段。因之，对各种管理理论在中国的情况加以盘点，有助于看清今后的走向和趋势。

1. 理论演变的宏观鸟瞰

中国的管理学来自西方，有必要先看看西方管理理论百年来走过的大致历程。

工业革命以后，社会发生了巨大变化，亚当·斯密的经济人假设和分工理论，开启了管理理论探究的先声。巴贝奇对机器工业的数学化求解，开启了科学管理的先声。欧文在克拉克的纺织新村实验，开启了人本管理的先声。美国的铁路和钢铁业高歌猛进，又把大规模制造业的管理研究推进到世界前列。到 1900 年前后，管理学正式诞生。影响深远的管理学经典理论随之问世。

从 1886 年的美国机械工程师协会芝加哥年会（这届年会以亨利·汤的文章《作为经济学家的工程师》为标志，号召开展管理研究），到 1929 年的纽约交易所股票崩盘，管理学对社会的发展居功至伟，柯立芝繁荣就是这一时期的时代象征。此期的管理学理论，具有代表意义的，包括泰罗的科学管理原理，法约尔的经营管理理论，韦伯的官僚组织理论。早期管理理论的这三驾马车，至今还是管理教育的三角支架。它们的共同点是：以效率为导向，以经济人假设为基本原理，理性至上，重视组织结构和权责体系。如果要找出一个关键词，就是“效率”。

30 年代的经济大萧条，对资本主义社会形成严峻的挑战。在这一挑战面前，管理学开始了新的探索，由此诞生出了新的理论，具有代表意义的有梅奥的人际行为理论，巴纳德的社会系统理论，西蒙的决策理论。这些理论构成现代管理学的基石。日本学者占部都美甚至称，所谓现代管理理论，就是“巴纳德－西蒙理论”。它们的共同点是：不再局限于效率追求，确立了“以人为本”的理论基础，专注于研究人的行为与组织行为，致力于决策理论和战略管理。如果要找出一个关键词，就是“人本”。

经过战后重建与平稳发展，到了 20 世纪 60 年代，历史进入一个新的节点。从民权运动、女权运动震撼社会，到嬉皮士玩世不恭，再到环保呼吁和提出动物权利，主体意识的觉醒和增强，对资本主义社会形成新的冲击。在社会变化之中，管理学开始了新的探索，当代管理理论由此萌发。从明茨伯格对经典管理学的全面挑战，到阿吉里斯从学理上否定科层组织并提出组织学习理论，再到德鲁克对管理学体系的整体重构，通过对传统管理理论的全面反思，当代管理理论形成了多角度探索。它们的共同点是：通过实践提炼和检验管理理论，克服个人与组织之间存在的对抗，“愿景”和“团队”开始替代“目标”和“组织”，追求组织平面化，管理自主化。如果要找出一个关键词，就是“自治”。

90 年代以来，互联网和人工智能的发展为组织变革提供了技术条件，知识经济超越传统产业，虚拟经济超越企业实体，管理理论开始酝酿新的变革。不少眼亮的学者，开始试探性地对管理理论展开“颠覆性创新”，出现了新理论架构的苗头和闪光，例如菲佛（Jeffrey Pfeffer）提出的循证管理，高沙尔（Sumantra Ghoshal）提出的个性化公司等等。这些理论上的克里斯滕森拐点（disruptive），绽露出管理理论革命性突破的迹象。但从总体看，这次变革的方向依然闪烁不定，内容依然若隐若现，大体上倾向于由自治到创新、由组织变革到自组织、由以人为本到人的高阶发展等方面。如果要给出一个关键词，比较恰当的选择是“个性”。

尽管理论的演变“苟日新，日日新，又日新”，但是，总有一些不变的东西构成管理学坚硬的内核。在一定意义上，这个不变的内核更为重要，更为基本。

2. 跟上的与错过的

中国人喜欢讲历史，但更多的时候却忘了历史。如果翻翻发黄的档案，可以发现，中国人曾经在管理理论上并没有错过什么，而是紧追世界潮流。

泰罗的《科学管理原理》在美国初版于1911年，不久就引起当时在德克萨斯农工学院留学的穆湘玥（字藕初）关注，他同泰罗、吉尔布雷斯信件往来，反复讨论，翻译为汉语本《工厂适用学理的管理法》，于1915年在上海中华书局主办的期刊《中华实业界》上分5期发表，次年出版单行本，至1934年共出7版。先在康奈尔大学读机械工程，后在哈佛商学院读MBA的杨铨（字杏佛），直接受教于科学管理的传播者金布尔（D. Kimball），他从1915年起多次在中国科学社主办的《科学》杂志上介绍美国的科学管理。1920 年，与中华书局竞争的商务印书馆，出版了南洋公学教授张廷金编著的《科学的工厂管理法》。从这本书有"管理的五大要素"章节来看，说明法约尔也已经进入中国人的视野。平心而论，在管理理论的起步阶段，中国人并没有错过。

穆藕初回国后，走实业救国和科学救国道路，先后创办了上海德大纱厂、厚生纱厂、河南豫丰纱厂、植棉试验场等企业，参与发起中华职业教育社，担任过上海总商会会董，兼任过北洋政府农工商部顾问，创办过中华劝工银行。南京国民政府成立后，他出任工商部次长。杨杏佛回国后，先在汉阳铁厂任职，后来专职主持中华科学社和《科学》杂志。而受过哈佛 MBA 教育的曹云祥，则把学到的管理理论用于清华大学的办学上。另一位由哈佛商学院回来的潘序伦，则创办了立信会计事务所和会计学校，还带出了一个著名的学徒顾准。

1928 年，在国联的倡议下成立了国际管理学会（IMI，the International Management Institute），英国的管理学家厄威克（Lyndall Urwick）担任总干事（Director）。1929 年，厄威克通过燕京大学经济系的原主任戴乐仁（J. B. Tayler，毕业于利物浦大学的英国学者，燕京大学经济系的创办人），推动中国成立研究管理的组织。南京政府由工商部长孔祥熙、次长穆藕初牵头筹办，于 1930 年在上海成立了中国工商管理协会（英文名 The China Institute of Scientific Management）。协会章程第一条是："本会以研究科学管理方法，增进工商业生产效率，实现民生主义为宗旨。"协会首任 15 名理事，除孔祥熙、穆藕初、寿景伟（工商部商业司长）外，还有会计师潘序伦、科学社杨杏佛、工程师学会会长胡庶华、经济学家李权时、中华书局陆费逵、商务印书馆王云五、中国银行徐寄庼、火柴大王刘鸿生、棉纺大王荣宗敬等人。后来实际主持协会工作较长时间的是曹云祥，在他的主持下，协会编印了科学管理丛刊（丛书），出版了王云五的《科学管理法的原则》，曹云祥译的《科学管理的实施》，刘鸿生等人的论文集《工商问题的研究》，还编辑出版了各位专家在每月一次协会叙餐会上的报告《演讲录选编》，创办了《工商管理月刊》。厄威克在日内瓦主持的国际管理学会，因为纳粹上台而中止了活动。中国的工商管理协会，由于日寇入侵而中止了活动。

大体上，从民国初年到抗战之前，中国在管理理论上基本与世界同步，但中国的工商业不够发达，理论所产生的实践效应不强，只有部分企业推行，而且偏于向文化机构倾斜。除了穆氏的纺织厂外，天津东亚毛纺公司的科学管理推行较有成效，上海荣氏企业也曾部分实施。真正以科学管理奠定发展基础的，首推王云五主持的上海商务印书馆。王云五自称："十年以来，该馆三遭巨劫，屡蹶屡起，得力于管理者不少，而我所行之管理方法得收相当效果，则由于不重形式而能实施其原则于特殊之环境。"从整体上看，这一时期的中国，在管理理论上没有错过，却未能在管理实践中普遍开花结果。

中国与世界拉开距离，是在二战以及战后恢复时期。1949 年共和国建立后，中国采取了不同于西方国家的管理体系，战争年代的经验和苏联的示范起了很重要的作用。中苏关系破裂期间，中国开始探索自己独特的发展道路。从 50 年代毛泽东的《论十大关系》，到 60 年代推行“鞍钢宪法”，再到 70 年代学习大庆和大寨两个标杆，贯彻毛泽东“五七指示”。这一时期，中国的理论不但与西方的理论是两股道，而且与苏联模式也不一样。那种试图改变人性的“斗私批修”，试图建立“美丽新世界”的狂热与迷茫，深深融入了中国社会。

进入改革开放时期以后，来自西方的管理理论在中国迅速普及。80 年代初期由马洪主编、中国社会科学出版社出版的《国外经济管理名著丛书》，在引进管理理论上起了极大作用。当时选定的 36 种书目（截至 1991 年出版了 19 种），以今天的眼光看也水准极高，囊括了不少经典之作。另外，80 年代广泛引进的各种国外社科学说，也对西方管理理论的扩散推波助澜。系统论热潮，社会学重建，行为科学介绍，都对当时的管理学起到了推动作用。不过坦率说，80 年代西学传入主要影响在思想层面，多数仅在书斋中发挥作用，与处于“野蛮生长”状态的现实经营活动关系不大。

为了使理论向实践靠拢，1984 年，当时的国家经委等五部委，精心选择了一些操作型理论，向全国企业推广 18 种现代管理方法，包括目标管理、全面质量管理、价值工程、ABC 分类控制法、网络计划技术、线性规划、投入产出法、看板管理、量本利分析等等。但是，任何一种管理技术，都有它隐含的思想支撑和文化垫底。这些方法看起来很美，但在中国企业里水土不服也比较严重。

90 年代，中国在管理理论方面比较沉闷，进展不大。人们面对西方的理论，就像早期农民企业家穿西服，仅仅是一种身份象征，自我感觉相当不舒服。西方理论就像时装走台，能看不能用，用了不见效，真正解决问题的，反而是土办法。于是，有批评“数典忘祖”的，有强调“中国特色”的，有些学者跃跃欲试用本土资源构建理论，回溯古代传统，重拾红色经典，至今馀波尚存。

进入 21 世纪，尤其是加入 WTO 后，中国必须面对世界。那些实业界的排头兵，开始认真读西方经典，但这种阅读是有选择的。影响企业家和经理人的，主要是德鲁克、圣吉、彼得斯、柯林斯、戴明、卡普兰、稻盛和夫等人，相关词汇也主要是团队、愿景、基业长青、阿米巴、平衡计分卡等等。纯理论依然停留在书斋中。一方面是理论的琳琅满目，另一方面是实践的应用选择。一些真正的经典理论，并不能得到相关人士的深究熟读；见之于实践应用的理论，则多数具有立竿见影的短平快性质。不过，应当看到，即便在西方，同样的问题照样存在。世界五百强的高管层，恐怕没有几个把马克斯·韦伯或者詹姆士·马奇放在心里而且挂在嘴上，甚至对德鲁克而言，企业界也是只读《卓有成效的管理者》的居多，读《管理：使命、责任、实践》的少见。这种错过，严格来说不是错过，而是“不来电”，中外皆然。

3. 颜值与气质：跟上与错过的背后

有些理论被错过是时代造成的，这种原因姑且不论。而由于管理者自身原因错过的理论，多半同理论的“颜值”有关。

任何比喻都是有缺陷的，但是，只要这种比喻有助于理解文本，就是可取的。时下流行“颜值”和“气质”对峙的戏语，对于理解管理理论的抑扬起伏，不无帮助，暂且借用。

各种管理理论，粗略归纳，无非就是颜重于质、质高于颜、颜值与气质相当、颜值与气质背反几种情况。在颜值和气质之间，常人没有佛祖的定力，也缺乏孔孟的修养，更没有老庄的恬淡，往往首先看颜值。颜值如果上不了台盘，才不得已看看气质。当人们说“首先看气质”的时候，潜台词是对颜值的否决。所以，各种“好看”的管理理论往往沾光。能够形成时尚吸引大众的，多半和颜值有关。例如，柯林斯的“基业长青”，彼得斯的“追求卓越”，懂不懂管理，看到这种姿色都会眼睛一亮。普拉哈拉德的“核心竞争力”，卡普兰的“平衡计分卡”，本意不在颜值，却占据了实业界的有利地形而显得“天生丽质难自弃”，引来了企业界的注目礼。“蓝海战略”和“长尾理论”，则更是用新型化妆品加工出来的东西。有些学者，为了使自己提出的理论受到关注，也采取了走 T 台的方式推出自己的成果，哈默和钱皮的“流程再造”，就是类似时装发布的管理理论造势。正常情况下，颜值高的理论率先被人们接受，当荏苒时光洗去铅华后，人们才能感受到蕴藏的气质之美。

有些管理理论尽管气质极具天分，但颜值并不高，不论中外，都会错过一段时间，巴纳德的社会系统理论就是这种情况。他纠结于自己没有拿到哈佛毕业证的隐痛，所以要极力显示出理论的精到和高深。他在哈佛卖力地讲演了八次，却未能得到渴望的巴比胺效应，反而因其语言的晦涩、词句的冗长被冷落。朋友们安慰他，强调主要看气质，要仔细品味，于是演讲稿修改为《经理人员的职能》出版，然而颜值并未提升，就连 30 年后安德鲁斯写的推荐序也说：“尽管作者作了细致的论述，但只有反复阅读其原著才能充分掌握。他的书的最明显的缺陷是表述的抽象性、举例的稀少和平淡无味以及文体的晦涩难懂。”并且委婉地判定“他并不是一位使他的学生带着激情回忆或将其学说加以发展的导师”。如此导致巴纳德的理论长期被冷落，在美国也属小众读物。这本书完整翻译到中国来，已经是初版 60 年之后。

相比之下，法约尔的著作虽然简短，却非常大众化。泰罗喜欢数学，但文字如同拉家常，尤其是库克执笔的《科学管理原理》，本来就是讲演记录稿整理，通俗易懂。这些著作，都不是为象牙塔写的，而是面向社会。它们既包含有划时代的思想洞见，又照顾到普通读者，所以兼具颜值和气质，谁都不会错过。

颜值与气质背反在管理理论中也有表现，有些看起来非常漂亮的所谓理论，不过是绣花枕头。早期的励志读物和成功学著作，有的就属于这种情况。当今心灵鸡汤遭到嘲讽，与高颜值下的气质不足有关。霍雷肖·艾尔杰（Horatio Alger）的穷小子变大富豪故事，卖出达 2000 万册，就是这种图书的代表。稍后戴尔·卡内基的人际关系说教，拿破仑·希尔的煌煌巨著《成功法则》，则属于由味精到鸡精的升级版。平心而论，这些鸡汤虽然没有多少新的思想，但还能给人补充热量，并无多大害处。问题在于它们的诞生就是为了谋利而不是为了创见，所以在流传过程中，为了表面上更好看以便赚更多的钱，从二道贩子到 N 道贩子，不断给其中添加各种色素和调料，从苏丹红到孔雀绿无所不有。机场管理学多有这种货色，不可不防。

进一步，颜值和气质还可以有多种搭配。单就颜值而言，欧美型与东亚型不一样，高冷型与热情型不一样。萝卜白菜各有所爱，同样是大观园的美女，有人喜欢林黛玉的剔透玲珑，有人却讨厌她的使小性子，还有人在赞美林黛玉的同时，却对王熙凤的手腕计谋暗中佩服。你认为鲍二家的是下三滥，贾琏却就好这一口。管理理论在不同的对象那里境遇各异，往往与人们的不同眼界有关。中国经济的快速发展，使应用型理论独占鳌头。而那种学理上的细致分析和严密论证，则往往救不了急赶不上快。说白了，从欣赏角度看，人们赞美冷艳女神，但从适用角度看，人们首选粗使丫头。所以，凡是那种刀下见菜立竿见影的理论，很少被人错过；而凡是那种学术梳理初看无用的理论，则往往遭到冷遇。大体上，那些当下“不打粮食”的理论，基本上在中国没有多大市场。

由于人们对理论的喜爱角度不一，所以相关理论往往要被多次整容。西方引进的，要进行本土化改造；本土涌现的，要与世界接轨。于是，核心竞争力本来是能力而非产品，在我们这里变成了自主知识产权和拳头主打产品。平衡计分卡本来是战略工具而非考核手段，在我们这里变成最新的绩效衡量方法。组织学习本来是要解除科层组织对个性的压抑，在我们这里变成想方设法使员工对组织做出更多奉献。而中国传统的儒学道学佛学和国家治理技艺，本来是前工业社会的经验积聚，却被学者解释为后工业化社会的发展方向。革命意识形态下的社会动员和管理方式，本来属于“红色管理”，却要用德鲁克的话语和法兰克福学派的思路来加以引申。如此等等。诚然，传统习得和本土情境势必会化解相关理论以求互适，然而这种互适的方向有可能偏离原理论的指向。尤其在理论的应用和转化过程中，这种整容式修正需要引起警惕。把大家闺秀改造为职场女神当然是好事，但如果把窈窕淑女改造为家庭主妇，然后再抱怨黄脸婆只能下厨房不能上厅堂，则会造成真正的理论错失。伴随着中国经济的变化和开放度的增加，管理理论在时间上的滞后性错失会越来越少，而空间上的“变脸”乃至“变性”错失会越来越多。

还有一种错过也值得一提，即错位。用刀叉去吃牛排，拿勺子去舀稀饭，这都没问题。但要用刀叉去吃火锅，拿筷子去喝咖啡，就十分别扭。任何管理理论都有自己的适用边界，纯学术的理论有限制条件，操作性的理论有专用技术，理论一旦错位，或者得不偿失，或者有弊无利。例如，在主打业务中推行颠覆性创新，在知识管理中强化规章制度，都会出现程度不同的错位，类似情况需要当事人细细琢磨。

4. 谁来判定颜值和气质

颜值和气质的关系好讲，标准难定。情人眼里出西施，看对了眼，凤姐也是美女；来不了电，女神也会寂寞。理论是否得到重视，会不会错过，关键看由谁打分。

在管理理论的颜值和气质判定上，有三个群体发挥着不同的作用。这三个群体分别是学者、咨询师、经营者，即学术界、咨询界、实业界。他们的追求不同，服务对象不同，因而对理论的敏感程度和判别标准不同。

学者所看重的是理论的解释力和穿透性。在学者眼里，思想深度和义理逻辑可能是最美的。见了模特，他们不过会多看几眼，但并不上心。而面对作报告的大腕，则可能全神贯注，两眼放光。常人觉得无比艰深的著作，他们可以读得津津有味，而常人放不下手的流行小说，他们翻两页就觉得寡淡如水。咨询师是为企业服务的，他们看重的是理论的现实收益和可操作性，逻辑严密的论证并不重要，因为现实不一定按照逻辑展开。西蒙和古立克的争论，就明显地反映出学术与咨询的差别。西蒙是纯学者，而古立克是罗斯福新政的高参。西蒙通过严密的逻辑论证，认为管理理论中的“谚语”不足以构成理论，现有的管理理论中这种“谚语”太多。例如，命令统一原则要求一个下级只接受一个上级的指令，但从严密的逻辑分析，任何人不可能在同时服从两种矛盾的指挥。古立克则认为，事实上在组织中命令冲突十分普遍，同解决现实问题相比，逻辑上的荒谬并不重要。可以看出，咨询师要面对的是现实中不按逻辑出现的谬误，学者要做的是对现实中的谬误给出符合逻辑的解释。两者之间的着眼点不同，目标不同，所以对理论颜值和气质的判断大不一样。务实的经营者，与学者和咨询师又有不同，他们看重的是如何解决实际问题，如何在经营中坚定信念，寻找出正确方向心无旁骛地走下去。通用汽车总裁斯隆与管理顾问德鲁克的争论，就反映出咨询与实务的差别。在通用汽车最辉煌的时候，德鲁克受邀对通用进行研究，为公司的政策提出建议。德鲁克在公司政策、雇员关系、社会责任等方面提出了未雨绸缪的变革设想，然而，通用公司的内部上下都认为德鲁克的提议是对公司肆无忌惮的攻击。德鲁克强调，通用多年的良好运行，随着时代的发展和问题的积累，已经到了需要变革的关头，应当建设性地形成企业、员工、政府之间的新型均衡关系。而公司的高管则认为，几十年的实践充分说明通用的经营卓有成效，应当继续发挥自由企业的优势。学术界、咨询界、实业界的这种差别，形成一种互相“挤兑”的张力，正是这种“挤兑”，推动着理论不断发展。咨询师批评学术界颜值不高，思想家批评咨询界缺乏气质，而实践者则奚落颜值和气质都不能当饭吃，互相逼迫着对方不断改进。可见，对颜值和气质的不同评价，能够激发出理论创新的活力。

西方的管理理论以二战为分界线，战前的管理理论尽管有学派区分，但没有形成细分市场。战后则开始有了顾客群体的细分。任何一种理论，哪怕颜值再高，也不可能吸引所有人群。因此，二战以后的管理学著作分化越来越明显，面向实业界的理论，尤其是具有咨询师背景的作者，往往首先追求的是颜值；而面向学术界的理论，尤其是严密的推理解释，往往首先追求的是气质。所谓学术圈排斥德鲁克，所谓学院派严重脱离实际，不过是相关理论的读者细分造成的另一种表述。严格来说，这种区别在战前欧洲就有，韦伯在很有名的两篇讲演中，就对政治和学术进行了相应的界定，但战前的这种区分还没有达到不相往来的地步，两个阅读领域是互相通气的。吃大排档的人，偶尔到了高级酒店也能应付自如；贵如公主，也能在罗马假日里享受平民的乐趣。真正的问题在于细分后的日渐生分和隔膜。所以，西方有人批评学院派不重视德鲁克，有的企业家批评学术界闭门造车，有的学者批评咨询师是野狐禅，实际上是一种好事，是互相对话的铺垫。在这种互相批评中，咨询师的问题导向给学院派引领方向，学院派的严密论证给咨询师提供装备，实业界则得益于转化了的理论提升创造力。

中国管理学已经有了相当大的进步，学术、咨询、实业都有前所未有的发展，但互相之间交集不够，没有形成对话机制，更没有互相倾听的批评声音。看颜值也好，看气质也好，只是远远瞟上几眼，而缺乏经常性的互相唠叨，致使三者之间交融的程度相当低下，而隔膜远超西方。这才是中国管理理论的真正问题所在。而中国的传统又具有不大重视分工的习惯，倡导管理理论的高质量和接地气，走“三结合”的道路，又会有意无意地助长“三合一”倾向。如果让一流的学者去做咨询，只会曲高和寡；让一流的咨询师去做学问，只会低水平重复；让一流的经理去搞理论，只会固守经验。眼下的实际是学术界未能打造出有气质的理论，咨询界在缺少理论的地方狠劲制造颜值，实业界难以得到赏心悦目的理论服务。在群体分工的基础上互相推进，是理论创新的正道。否则，我们还会错过理论机遇。

改革开放以来，中国一直以西方为范本，寻找自己的发展乃至腾飞之道。以 2001 年正式加入 WTO 为标志，西方对于中国而言，有了截然不同的意义。如果说，在加入 WTO 之前，中国与西方还是“两股道上跑的车”，那么加入 WTO 后，起码在经济意义上中国已经同世界接轨。此前，“师夷长技”多多少少总带着点“制夷”色彩，此后，“师夷长技”则更多地转向自己的“崛起”追求。由此，中西之间的渗透和对抗、融合和隔阂、妥协和冲突，都有了不知不觉的变化。依然是西风东渐，但表现却是贸易摩擦在增长，而意识形态对抗逐渐弱化；利害算计在上升，而政治抗衡在减少。中国经济总量的增加，企业的“走出去”，使一部分人产生了“主客易位”的感觉。这些，都从不同方面影响着中国对待西方学说的态度和行为。因此，总结入世以来西方管理学说的对华影响，分析国人在西方学说面前的反应与策略，有助于我们认清企业管理在中国的走势。

第四章

“中国式管理”的发展历程

1. 中国式管理的纵向鸟瞰

严格来说，从 1978 年中国进入改革开放时代后，“中国式管理”就开始成为国内管理学领域的一种景观。有一些国内的学者，在 80 年代初就开始以中国文化为背景讨论管理问题。国门打开之后，外面的新鲜空气扑鼻而来，所以，管理学在刚刚诞生之初是以学习西方为开端的。但是，对本土的熟悉而形成的路径依赖，华夷之辨传统的潜意识影响，使中国人在对外学习的榜样选择中也倾向于偏爱带有中华色彩的典范，如当年不离口的“亚洲四小龙”等等，就是明显的例证。不过，80 年代的主题是学习西方的先进管理经验，当时的“中国式管理”有点零敲碎打，而且基本不成气候，还遭到“西化”派的无情奚落甚至嘲讽。

90 年代，尤其是 1992 年以后，中国经济开始进入快车道，而经过了一场风波之后的特殊社会背景使思想领域出现了一股强劲地“东风”。学术界对“西方强势”的反思和批驳，对“东方学”的赞扬和宣传，对本土资源的探寻，都在一定程度上助长着管理学的“本土化”。在国内学界，当时那种以艰深的学术语言对萨义德的介绍，对东亚儒家传统的推崇，对海外汉学研究成果的引进，使国内学界产生了对“西化”的普遍警惕。这里面不乏严肃的学术理性，但也夹杂着抗拒西方“话语霸权”的意气用事。借用小品演员赵丽蓉的一句经典台词：“只有民族的，才是世界的”，成为这一时期学术界的风向标。管理学也正是在这个氛围中开始了“中国式”建构。

但是，90 年代的中国，毕竟底气不足，小品中的“风景这边独好”，仅仅是舞台上的一种调侃，当不得真。真正的转变，是从加入 WTO 开始的。可以说，从经济角度看，2001 年加入世贸组织，是一个里程碑。从此，中国经济正式融入了世界体系。而此后中国经济的持续高速增长，使中国出现了重大变化。比较一下图片和视频资料，看看人们衣食穿着的变化，看看城市交通建筑的变化，哪怕仅仅是看看当年北京站前的“面的”和三轮照片，同现在一比，都会发出感叹，中国竟然发生了这么大的变化。可以说，正是中国经济的腾飞，为“中国式管理”注入了活力。如果没有经济实力的支撑，所谓“中国式管理”不可能蔚然成风。所以，曾仕强在央视开讲中国式管理，于丹在央视侃谈《论语》心得，正是顺应时势的推波助澜之举，对中国式管理的推崇，在经济崛起的社会中出现了新的高潮。学界对“中国式管理”的热情，也是随着经济的变化而上涨的。在中国知网上以“中国式管理”为关键词检索，就可发现，2001 年以后中国式管理开始升温，2004 年以后在学界成为气候。现实中对中国式管理的推崇和普及，要比学界更热火。面向企业家和经理人员举办的各种培训讲座，国学、传统文化、本土资源等等与中国式管理密不可分的内容，占了越来越大的比例。同 80 年代的管理培训“言必称美国”相比，进入新世纪后几乎是“言必称中华”。真可谓三十年河东三十年河西。风水轮流转，似乎已经转到了中国。

可以说，在新世纪的最初十年中，中国式管理的兴起是引人注目的。这十年的发展轨迹，明确表现出一种由小众到大众、由学术到普及的变化。经过这十年，我们需要回溯，为什么会出现这种变化？这样的追问，有助于人们从中得到理性的启迪。要看清我们今后的走向，必须回过头来观察此前的来路。

2. 中国式管理溯源

2000 年以来中国式管理的兴起，可以归纳为以下缘由：

第一，中西企业的差异，激发了中国式管理的热情。在 80 年代的开放大潮中，向西方学习是主旋律。然而，现实告诉人们，那些率先吸取了洋味的大型国企，并不见得有多大好转，反而是那些土得掉渣的乡镇企业，成为搞活经济的前锋。80 年代国家五部委大力推行“十八种现代管理方法”，以引进西方式管理为主，但在现实中并未能拯救国企，即便有成效也不大；而一个个精明的温州小老板，靠着中国特色乃至是江浙特色的算计和精明，率先富裕起来。具有鲜明对照的一个例子，就是典型中国式的芜湖傻子瓜子创始人年广久，在当时风光无限，而与之相反，武汉柴油机厂引进了德国洋厂长格里希，用尽全身解数也未能实现武柴的振兴和繁荣。人们通常会把年广九获得的殊荣，归结于邓小平的关注，但是，邓小平访日访美对西方企业管理先进性的关注要更强烈，为什么在国内没有产生出同样效应？武柴格里希靠着“第一个洋厂长”的特殊性，确实取得了一些成就，然而在那种看不见摸不着的中国式软对抗面前，他无法破解在德国不会面对的“无人之阵”，更不能理解中国的“八卦阵”，最终在格里希离职后武柴迅速破产。中国的特有情境，刺激着人们去寻找适应这种情境的管理内涵，人们从年广九身上看到的是中国式成功，从格里希身上看到的是西方式失败。所以，1992 年开始的改革开放“第二个春天”，就不再具有 80 年代那种浓烈的西化倾向，而是立足本土，由此与“国情论”相得益彰。2000 年以后，中国式管理适应了“国情论”的需要，特殊国情又滋养着中国式管理的迅速成长，使其一路风光走到今天。

第二，走向世界的期待，动员了中国式管理的力量。从近代以来，中国人就一直对“强国”梦怀萦绕，但在经济实力上从来未能扬眉吐气。80－90 年代的经济发展，为中国以强国姿态走向世界铺垫了基础。加入 WTO，使中国迅速融入全球经济。拿实力说话，靠速度崛起，中国迅速成为制造大国。在“大国崛起”的过程中，降低成本只能靠西方没有的优势，加快速度又必须绕过难以变革的深层次问题。而依赖中国式管理，可以不需要深层变革就能快速得到回报。规则细密的西方式企业，在运营中远不如中国特色的方式有效。坚守西方信念的跨国公司，来到中国也会发现“土八路”的优越性。所以，即便是外资企业，在中国经营也往往会因为水土不服而很快就适应了“国情”，不适应的只好放弃中国市场这块“肥肉”。中国企业更不待言，它们能够看到的成功之道，首先是来自于中国的“关系”、政府的“优惠”以及形形色色的“摆不上桌面”的五花八门的门道。谷歌与百度之争，恰恰是坚守西方理念的谷歌败下阵来，而谙熟中国特色的百度获得了成功。几乎所有的经理人培训，学员都有着程度不同的喟叹，看起来很有道理的西方教科书，基本上是“无用”的，而自己的本土经验，却有点像当年批判的“臭豆腐”，不好闻却好吃。在这种局势下，传统国学可以更对中国人的胃口，当年打天下的成功经验更有现实效果，传统文化和“红色管理”由此兴起。等而下之的，即便不是走传统文化和革命经验的正道，也会步入五花八门的本土小路。在“为了中华之崛起”的旗帜下，传统儒学的“修齐治平”，除旧布新的革命法宝，不择手段的权谋机巧，《水浒》《三国》的狡黠智慧，这些本来在内涵上互相冲突的东西走到了一起，从不同角度推动着中国式管理的进展。这种杂拌，使中国式管理本身也呈现出复杂多样的色彩，管理者可以各取所需，但是无论取哪一样，都有理由在世界面前自豪。

第三，华夷之辨的基因，调动着中国式管理的积极性。中国有着悠久的华夷之辨的传统，尽管从近代以来，华夷之辨已经是一个过时的命题，但是，过时不等于终结，遇事首先要区分“我们”与“他们”，仍然高度凝结在国人的潜意识之中，而且支配着相应行为。在“重振汉唐雄风”的大旗下，总会隐隐约约闪现出“非我族类，其心必异”的传统心态。当然，现今的“华夷之辨”已经有了时代跨越，所表现出的可能不再是“万邦来朝”的天朝姿势和“虽远必诛”的汉唐霸气，但隐隐约约同“振兴中华”“扬我国威”幽径相通。于是，民族主义与传统文化吻合，为企业经营中的中国式管理注入了新的活力。在学者那里，文化相对论（即文化无法区分先进与落后）尚可得到一定程度的理解，而在大众那里，基本上都认可中华文化的先进性。即便是学者，也会通过区分精华与糟粕来认定国学中的先进成分。走得更远的，则寄希望于通过孔子学院把中国文化传遍世界，用中国文化来拯救西方的没落。由此，中国式管理就不再是一个学术性的解释概念，而是一个实践性的操作概念。凡是大打民族牌的企业，基本上都同这种心态有关。取守势的，以民族品牌或者爱国主义来维护自己的商业地盘；取攻势的，以全球化和跨国经营把自己的优势推向国外。凡是不承认市场经济具有普适准则的企业发展战略，或多或少都受华夷之辨的潜意识支配。学习西方是“礼失求诸于野”，走出国门是“以夏变夷”。这一点，学界的论证还远远不够，而现实中的运用却得心应手。正是这种华夷之辨，使中国式管理在学术讨论和实践运作上出现了某种程度的逻辑割裂，即以中国的特殊性来推进中国式管理的操作，又必须落脚于全球化的普适性来走向世界，最后的走向是“只有中国的才是世界的”，即“以夏变夷”。赵丽蓉的小品语言，其中包含着一个不易察觉的冲突，即民族特殊性和世界普适性的冲突。在中国式管理的实际运作中，依然要靠华夷之辨来处理这种冲突。

第四，推崇科学的理性，推进了中国式管理的学术性。现实需要理论给出新的解释，而文史哲的研究在过去是远离管理活动的。90年代国内学界的人文精神讨论，由于同经济活动没有直接关联，所以虽然孕育了中国式管理的学术因素，却缺乏管理学界、经济学界的参与，以哲学界为主，不但使讨论偏于形而上，而且有相当一部分人把人文精神的丧失归罪于市场经济。2001年加入世贸后，一批文史哲学者加入了管理研究行列。以许倬云的三本书为标志（《从历史看管理》，广西师范大学出版社2005年；《从历史看组织》，上海人民出版社2006年；《从历史看领导》，广西师范大学出版社2006年），可以看作是人文学者向管理学的自觉靠拢。在管理学界，一批学者试图以中华文化为基点构建管理学的新体系或者新范式。如复旦大学苏东水等成立了东方管理研究中心，明言要改变管理学中“言必称西方”的倾向，并出版有代表作《东方管理学》（复旦大学出版社2005年）和《中国管理学》（复旦大学出版社2006年）。中国社科院的黄如金基于中国传统文化，提出了“和合管理”（《和合管理》，经济管理出版社2006年）。尤其以台湾曾仕强的“中国式管理”在大陆的影响最广（《中国式管理》，中国社会科学出版社2003年）。这些，都可以看作是这一时期管理学界运用科学方法对“中国式管理”进行学术构建的试探。这些研究，不同程度地运用科学理性方式对管理的中国情境进行解读，给中国式管理增添了学术色彩。但是，一旦运用科学理性方法，就其本质来讲，就具有了西方学术的身影。在科学方面，我们不得不承认西方的强势，认同从亚里士多德以来的西方逻辑。而中国历史上恰恰缺的是逻辑（近代严复、梁启超等人对此有详细说明）。而一旦突出了科学和逻辑，那就不再是中国的特色。所以，中国式管理的学术探讨，一方面是从方法论角度提升了对中国情境的认知，另一方面是从本体论角度淡化了中国式管理的情境。这正是中国式管理的一个发展悖论。不过，在这种悖论中，相应的学术性研究，在一定程度上化解着“华夷之辨”的非现代性，推动着中国式管理的学理建设。

第五，革命时代的成功经验，构成了中国式管理的路径约束。当代中国的传统，不仅有几千年的文化积淀，而且还有几十年的革命积淀。在现代的革命史上，正是马克思主义与中国情境的结合，奠定了新政权的根基。这种中西合璧，打败了党内的教条主义，也打败了党外完全本土的保守主义。有朋友认为，在中国传统中，“攻守之势”的变易，会使历史上的夺权者向执政者发生迅速转化，即“马上得之不能马上治之”。而中共作为一个已经掌权数十年的政党，依照“马上”方式进行国家治理是一个重大问题。实际上，仔细考之，概因为马背得来的巨大“红利”尚未使用完毕。革命时期动员社会力量的做法，以理想教育激发下层力量，以组织纪律保证行动统一，以打歼灭战取得竞争优势，以统一战线得到广泛支持，这些技术路径和操作方法，往往行之有效。所以，“走长征路”“整风”“肃反”“三大战役”等等手段，都成为在时代变迁以后仍然可以复制的成功样板。而且对于“60 前”来说，使用这些手段驾轻就熟。因为过去的成功和辉煌，就是这样走过来的，它已经成为制约今后行为的沉淀成本。即便复制这些经验存在某些问题，路径依赖也会促使人们考虑调整这些手段的某些限制条件，而不会轻易放弃这些手段。中国的现实状况，依然能够使这些手段取得快速成效。由此，中国式管理中，红色管理成为一个重要组成部分。

3. 中国式管理反思

在中国式管理发展大潮中，不同群体所呈现出的作用是不一样的。对此进行反思，有助于厘清中国式管理的未来走向。

在学术研究和管理咨询领域，中国式管理在不同人群中表现出不同的色彩。国内的“学界”概念较泛，严格意义上，尽管都是“学界”，但学术研究和对策咨询是有区别的。学界在中国式管理的研究上，大体有两种倾向。一种是以理性的普适性为基准，以中国特有的情境为对象，力图为中国式管理提供原理性贡献。这种努力，在席酉民的“和谐管理理论”和顾基发的“WSR系统”（物理、事理、人理）方法论中比较典型，而且已经取得了令人瞩目的成果。另一种是以中国特有（或者大中华文化圈特有）的情境为基准，力图形成区域性的普遍知识体系。这种努力，在苏东水等人的“中国管理学”和“东方管理学”、曾仕强的“中国式管理”中比较典型，而且引起了社会的广泛注意。可以说，前一种努力，对于形成管理学的中国学派，提升关于中国式管理的理性认知，深化对中国式管理的学术探究，有着重要作用，但是，在如何把普适性的科学方法同特殊性的中国情境结合起来的探索上，依然有很多工作要做。后一种努力，对于学术走向社会，引发社会的共鸣和应用，产生了较大影响，但是，以中国或者大中华区的经验总结作为理论基础，存在着弱化甚至消解科学性的危险。前一种努力的逻辑结论是可以有中国式管理，但不存在中国管理学；后一种努力的逻辑结论是中国式管理在学理上同西方不一样，但只能突出中国与西方不同的人文知识，而无法同科学方法论体系相融合。因此，中国式管理的研究，还远远没有成熟。

在管理咨询（包括管理培训）中，强调中国式管理大体上也有两种方式。一种是通过对中国情境的总结概括，试图以科学方法对现实问题求解，以及对管理实践者进行思想启迪和素质修养方面的训练；另一种是通过对具体案例的解剖发挥，提供具有中国特色的解决问题的技巧，以及给管理实践者进行针对特定情境的应对性训练。这一方面与纯粹学术研究不同。如果说，纯学术研究是对象牙塔的坚守，那么管理咨询则是走出学术圈的应用。在中国式咨询中，不管水平高低，普遍存在一种倾向，即对麦肯锡、波士顿式的美国式咨询看不上，不是认为来自西方的咨询往往脱离了中国情境，就是认为即便西方了解中国情境也不能适应中国文化。中国式管理在咨询中的影响，还表现在对西方咨询公司在华分支机构的同化和改造上，这些机构往往从人员到运行都已经中国化，即便是采用西方模式，大多也进行了中国式修正，在西方模式的名义下提供富有中国特色的方案。

在管理实践领域，对中国式管理的重视，往往来自于经理人的切身体验。发展较好的企业，侧重于以中国的传统文化培育员工的良好行为规范，或者是用中国式教化手段消解员工与企业之间的内在紧张。经营出现问题的企业，则更为垂青中国式管理，尤其是看重那些兵法权谋式的谋略和智慧，因为这类企业急需解决眼下的问题，而技巧性内容更适用于见招拆招。由此，导致在实践中的中国式管理，尽管影响很广泛，但层次普遍不高。在运用传统文化方面，由于历次政治运动的冲击和制度的变迁，现在顶多只是弥补传统文化的断裂，广为传播的所谓经典，最有影响者不过属于传统文化的启蒙层次。对经典的真正研究，尚未走进实践领域。即便是启蒙层次的经典，也以通俗化大众化的解释为基础，为我所用，急用先学，甚至简单附会的实践者较多。现实中的企业家和经理人，同民国时期的一批具有深厚传统文化修养的实业界人士相比（如著名的状元实业家张謇等人），文化积淀的深浅立马可见。真正对传统文化具有内在追求的企业家，主要是靠自我感悟、反求诸己来体现中国式管理的传统精神，如文化水平不高的民营企业家孙大午就是如此。而对传统缺乏敬意却又要充分利用传统的企业家，则更倾向于实用性的计谋和红色管理中的具体手段，而缺乏对传统文化的整体把握和对革命传统的深度了解。

总体来看，中国式管理在实践中的发展要先于在学术上的发展。其成功在普及和培训，其不足在学术和理性。实践中的发展，也不是张謇那种读足了书而发愤救国的壮举，而是类似于当上皇帝的刘邦看到儒家礼仪维护自己权威的现实用途。在学术界，论对传统文化的信仰，多比不上民国时期孔教会的陈焕章；论对国粹的理性研究，多比不上梅光迪和吴宓等人的学衡派。甚至对中国式管理质疑和反对者，也多比不上民国倡导西化的陈序经和胡适。所以，中国式管理在这十几年的大发展，主要靠经济迅速增长的拉动和推进，而不是一种超越前人的自觉和升华。

4. 中国式管理的走向

任何预测都是愚蠢的，但对未来趋势做出判断却至关重要。在可以看见的将来，中国式管理还将会继续发展。关于中国式管理有可能出现的突破式进展，在两个方面值得关注。

在中国式管理的研究上，研究数量的增长可能会持续，但在一个相当长的时期内不会有大的突破，不过，文化研究领域、近现代史研究领域的学者进入管理领域，会促进中国式管理研究水平的提高。例如，学者李零以古文字学基础对《论语》的文本解读，尽管争论极大，但对校正曲解、歪解《论语》起到了积极作用。学者高华以现代史研究功底关于《鞍钢宪法》与崔之元的商榷，对于准确把握红色管理的情境功不可没。即便这些学者不进入管理领域，他们的成果也会在一定程度上产生现实影响。

中国式管理的最大问题，在于源于中国的传统情境和源于西方的科学方法如何结合。倡导中国式管理，势必要强调中国情境，而要在中国情境中提炼出特有理论，难免要同西方的科学方法产生抵牾。仅仅讲孔孟老庄，只能是自说自话，西方人弄不明白言不尽意的中国式感悟。而一旦要用西方的科学方法研究中国传统，从本质上就属于西学而不再是中学。一旦用西方逻辑体系来解释儒家道家法家，那就会只有中国元素而没有中国学问。比如，学界有人以博弈理论来解释中国古代的和谐概念，以机会成本和交易成本来解释民族传统，本质上就变中国式管理为管理学在中国。所以，中国式管理的学术突破，要害还是“中西结合”。

在西方科学中，怀疑、批判精神与宽容精神是相辅相成的。而科学在中国的传播，有着信仰化倾向。五四时期的陈独秀等人，就不允许对科学有怀疑。缺乏质疑的中国式管理，难以实现证伪，进而难以形成真正的发展（借用熊彼特的语言，发展与增长是不一样的）。而科学的质疑，又会在学术上否定方法体系上的特殊性（只承认情境上的特殊性），中国式管理就会走入类似于西方文化人类学的情景，仅仅保留对中国元素的尊重，以完全西方的方式解释不同的文化人类现象，从根本上消解中国式管理的学术根基。在中西结合的过程中，如何走出“不是东风压倒西风，就是西风压倒东风”的格局，是中国式管理取得实质性发展的关键。

从历史角度看，佛教传入中国产生的变易，可以给西方管理学传入中国的变易提供一个参照。史学界的陈寅恪，在审查冯友兰的《中国哲学史》时说：“释迦之教义，无父无君，与吾国传统之学说、存在之制度，无一不相冲突。输入之后，若久不变易，则绝难保持。是以佛教学说，能于吾国思想史上，发生重大久远之影响者，皆经国人吸收改造之过程。其忠实输入不改本来面目者，若玄奘唯识之学，虽震动一时之人心，而卒归于消沉歇绝。近虽有人焉，欲燃其死灰，疑终不能复振。其故匪他，以性质与环境互相方圆凿枘，势不得不然也。”① 由此而有了中国佛教。以此观照，中国式管理确实有存在的理由和形成体系的可能，仅仅强调纯粹的西方管理学，难免会蹈唐玄奘唯识宗的覆辙。那么，坚守中国式管理，以水土不服为由拒斥西方又如何？陈寅恪对道教的评价似乎可以给出另一种解释。“至道教对输入之思想，如佛教摩尼教等，无不尽量吸收。然仍不忘其本来民族之地位。既融成一家之说以后，则坚持夷夏之论，以排斥外来之教义。此种思想上之态度，自六朝时亦已如此。虽似相反，而实足以相成。从来新儒家即继承此种遗业而能大成者。”最后，陈寅恪给出的结论是：“窃疑中国自今日以后，即使能忠实输入北美或东欧之思想，其结局当亦等於玄奘唯识之学，在吾国思想史上，既不能居最高之地位，且亦终归於歇绝者。其真能于思想上自成系统，有所创获者，必须一方面吸收输入外来之学说，一方面不忘本来民族之地位。此二种相反而适相成之态度，乃道教之真精神，新儒家之旧途径，而二千年吾民族与他民族思想接触史

---

① 《冯友兰中国哲学史下册审查报告》，载《金明馆丛稿二编》，三联书店 2001 年版，第 283 - 284 页。

之所昭示者也。”[1] 对于陈先生这一论断，值得管理学界品味。或许，中国式管理的未来走向会如同陈先生所言。但是，这种走向，依然从本质上属于新儒家的发展思路。

中国式管理的发展，取决于学术界和实践界对中西之别的态度。以中国式管理排斥西方，或者强调西方管理学的科学性而否定本土经验，都有失偏颇。这其中的关键，在于“华夷之辨”的“相反相成”。这里，需要给华夷之辨赋予全新的含义，在学术发展上，要有民族本位，但是，这种民族本位既不是以夷变夏，也不是以夏变夷，而是华夷平等交流，即以文化相对论来校正既有的文化高下心态。所以，那种以中国文化拯救世界的说法，或者以西方式管理来拯救中国的说法，恰恰是妨碍中国式管理纵深发展的关键。

有一点还要提及，从管理实践来看，未来的中国，增长速度会慢下来，GDP 不会永远高速增长。而中国传统文化在农业社会熏陶出来的慢节奏低频率，对于化解那种仅仅强调速度和效率而产生的戾气，对于缓和各种矛盾与冲突，可能会有意想不到的作用。正如林语堂所言，人在 40 岁以前崇拜西方的高效和快速，40 岁以后就可能追求中国的休闲和安逸[2]。本人不妨斗胆断言，什么时候中国开始进入悠闲时代，什么时候中国式管理就会走向真正成熟。当然，这要以中国从踉跄快跑转变为悠闲自得，平安度过转型冲突期为前提。

---

① 同上，第 284－285 页。

② 参见林语堂：《中国人》，郝志东、沈益洪译，学林出版社 1994 年版。

第五章

管理学的演变

1. 管理定义的口水仗

管理学在当今中国方兴未艾，然而，究竟什么是管理学却见仁见智。上世纪 60 年代，美国管理学家孔茨在讨论管理理论的丛林现象时，就特别强调“语义学分歧”，他认为有许多争论不过是语词含义的理解不同引起的。现今，这种语义学分歧可谓越来越多。对于学界的朋友来说，有些所谓学术争论，表面上引经据典，实际上是鸡对鸭讲，个个都言之凿凿说自己的观点清如水，白如面，但搅和到一起却打成了一锅浆糊。因此，管理学是什么，值得学术界深思。对于从事实际工作的朋友来说，这部分内容可以跳过不看；但对于从事教学和研究的朋友来说，你说的“管理”和他说的“管理”实际不是一回事，这就比较麻烦。

关于什么是管理，汉语和英语的含义是有差别的。比如，一个老板对出了残次品的班组长说：“把你的手下管好。”一个教师对小学生的家长说：“你的孩子要好好管一管。”这里所说的管理，如果不假思索就翻译为 management，十有八九会产生理解偏差。推究起来，在这里应该翻译为 control 更恰当。当我们看到有些所谓论文，连原著也没看过就在那里慷慨激昂地批评西方管理学存在这样那样的缺陷时（如所谓西方没有整体观念，西方重视分析而轻视综合，西方注重技术而忽视人文等等），“杯具”就只能用来“灌水”。当然，西方也不是没有天桥把式，也有一些西方学者在他们的著作里玩“穿越”，对中国的古籍望文生义，孔子老子加孙子地乱扯一通，却离开了《论语》《道德经》和《孙子兵法》的原意不啻万里，玩的是把麦苗当韭菜的游戏还自我感觉良好（这是当年贫下中农考察下乡知青的拿手好戏），“管理”的内涵同样是糊涂账。

即便是同一语种，“语义学分歧”也不见得就能够消除。业界极为推崇的德鲁克，曾经在他的名著《管理：任务、责任、实践》中说：美国的 management 一词“极难理解”，“甚至难于译成英国的英语”（中国社会科学出版社 1987 年版，第 16 页）。所以，同文同种的杨基佬，也在这个问题上扯不清。1962 年，在加州大学洛杉矶分校的管理学讨论会上，一批管理学的大腕之间发生了“管理理论丛林”的辩论，坦南鲍姆专门指出了名词术语的语义学问题，主持会议的布朗甚至宣称，讨论中的多数内容他都无法理解。这些现象说明，即便没有语言障碍，要把管理说清楚并非易事。在中国，虽然大家都说汉语，但情况也差不多，那些讲《易经》的管理学者，同那些建构数理模型的管理学者，所用的“管理”一词，同样是很难从一种汉语“翻译”到另一种汉语的。

一旦“管理”扯不清，那么，以它为研究对象的管理学同样扯不清。所以，管理学到底是什么，多半是学者在那里自说自话。

2. “管理”是不是“学”

按照德鲁克自己在《管理：任务、责任、实践》的自序中所言：“本书始终认为管理是一门学科，或者至少能够成为一门学科。管理不仅是一种常识，也不仅是累积起来的经验，它至少蕴藏了一套系统化的知识。”在德鲁克那里，“管理”作为一门学科是无疑的。然而，这种学科到底是一种什么样的学科？还值得探究。具体到中国的环境下，“管理”是不是“学”？到底应该称之为“管理学”，还是应该称之为“管理科学”？中国的“管理科学”在含义上同美国的 management science 有无区别？有很多学术讨论，往往同这种名词的含义不清有关。学者之间，往往用同一词汇表述不同理念，或者用不同词汇表述同一理念，各说各的。澄清其中的差别，可以避免许多无谓的口水仗。

笔者认为，中国常见的“学”，有着极为广泛的含义。目前在管理学界的争论，与这种名词边界不清晰有很大关系。严格来说，学科之“学”，本身就是近代西学东渐的产物。中国的传统称谓中，“学”是没有“科”的界限的。现今十分常见的“科学技术是第一生产力”这一说法，如果要用中国的传统术语来表达，恐怕要说成“物理格致乃世间首义”，而且还有词不达意之嫌。当代中国各种各样的“学”，基本都来自于西学而不是传承中学，概括起来，恐怕和三个西语词汇都有密切联系。以英语为代表，这三个词汇是 science，knowledge，-ology。勉强以汉语对应，可称之为科学、知识、学科。而且这三个词汇的含义本身已经十分广泛，就以“科学”为例，所谓“科学”到底是规律性和原理性的知识体系？还是某一领域（即突出分科之“科”，汉语的本意正是强调分科，即专业化）的知识集合？还是“智者”（现代的专家不同于古代的智者，恰恰是这种分科体系的表现之一）的思想展示？把笼统的概念解析细化，其中隐含的区别立显。这种区别正是争论的焦点。在我看来，这里面的关键，在于对学科之“学”的含义理解差异。

我们很多人谈到管理学，首先是把它理解为一种知识体系或者知识集合，但问题往往就出在这里。很多人是从 science 角度，或者是从 knowledge 角度来理解管理学的。我以为，对于管理学来说，这两个角度都值得深究（当然，这两个角度毫无疑问都能够成为“学”，如 science 角度的物理学，knowledge 角度的工程学）。严格意义上的学科之“学”，应当理解为 academy，即

scholars 所形成的“学”，这种“学”是后缀为 – ology 的“学”。这个争论，中西皆然。西方有赞同管理学是科学的，也有反对管理学是科学的。这种赞同与反对，核心在于管理学能不能构成 – ology。赞同管理学是科学的，情况也有很大区别，比如，管理学的开山鼻祖泰罗，其《科学管理原理》是从 science 出发来构建其知识体系的；而同时期的法约尔，显然是从 knowledge 的角度来构建其知识体系的。所以，泰罗对数学方法近于崇拜，而法约尔则反对在教授管理时讲过多的数学。后来西蒙批评法约尔的学说是“常识”和“谚语”，也是出于 science 的角度。但是，即使这些都属于赞同管理学是科学的学者，也没有一个人认为管理学已经构成了 – ology（最多认为构成 subject）。至今在英语中，尚未诞生 manageology 一词。而在自然科学领域，使用 – ology 的比比皆是。这种差异，值得学界重视。由此又会引出另外一个并非不重要的问题，就是用自然科学中的 – ology 学科来比照管理学，有可能是不大恰当的。

关于科学、知识、学科的关系，20 世纪中期，国际科学哲学界有着深入的讨论，其中最有代表性的是波普尔、库恩、拉卡托斯三人。波普尔（Karl Popper）提出了判断科学的“证伪”思想，库恩（Thomas S. Kuhn）提出了科学发展的“范式”概念，拉卡托斯（Imre Lakatos），提出了科学的“合理性”标准。他们之间的辩驳，对于后人理解什么是“科学”具有重大启发。而他们所说的“科学”，包含了本文所说的科学、知识、学科在内，是广义的。所以，讨论管理学是否形成科学、能不能构成一门学科等问题，可以也有必要把这一讨论的成果引入管理学。如果管理学界有人能够对此进行深入钻研，并将科学哲学界关于一般科学的讨论具体化到管理学领域，相信对管理学的建设会有所促进。

具体到管理学，我的看法是，管理学在knowledge意义上已经构成了“学”，而在science意义上属于正在构成或正在走向“学”，但在-ology意义上，则根本不能构成“学”。

从古代起，人类就有了管理知识的不断积累。正是这种积累，为当代的一些学者论证管理学“古已有之”提供了素材。但这种积累是非逻辑的。到了20世纪初期，以法约尔为代表，构建了管理知识的逻辑体系，这种关于管理的知识由此得到了系统化、体系化的表述，已经形成了具有内在逻辑关联的整体系统，所以，管理学界的多数人都以法约尔为管理学建立的开端，至今的各种管理学教材依然沿用着这一体系（即由管理职能构建的体系）。称管理学已经成为一门学科，显然是knowledge意义上的“学”。后来的不断发展，只是使其不断丰富而已。不管是穆尼还是古立克、厄威克，一直到当代的孔茨，都是在知识意义上诠释管理学。在知识的意义上，管理学已经是“学”无疑。

从伽利略和牛顿开始，实验意义上的科学被建立起来。这一方向，对管理学形成了深刻影响，有不少学者开始构建科学意义上的管理学，而且同知识意义上的管理学相得益彰。这种相得益彰，主要表现在这一学科的理性逻辑发展上。知识意义上的管理学也有逻辑，但其逻辑是事实性的，也可称为经验性的。而科学意义上的管理学，其逻辑是数理性的，或称为实验性的。从差分机的发明者巴贝奇开始，到泰罗运用数学方法于车间生产，这种努力没有断线，再到二战期间运筹学（Operational Research）的诞生，在作业管理层次上，科学得到了广泛应用。发展到战后，诞生出了管理学中的管理科学学派。美国的《管理科学》杂志封面上的经典语言："发现、扩展和统一有关管理的科学知识"，就充分表达了这种信念。这也正是狭义"管理科学"的由来。但是，这种 science 意义上的管理学，尽管已经有了很大成就，却不足以解释管理中的"一切"现象。而一门科学的成熟性，正是表现在它的普适性上。因此，从科学的角度看，乐观一点可以说管理学正在形成（或者说已经基本形成）一门学科，悲观一点也会承认管理学终究会形成一门学科（最起码不会否认它的走向是科学式学科的发展方向）。在科学的意义上，管理学是一门或者即将是一门"学"也没有疑问，但现在是否已经形成，则还有争论。

然而，在 - ology 意义上，管理学没有形成也不可能形成"学"。其关键的问题，是术语、概念的不统一，范式的公认度较低，许多"原理"无法证伪。即使在管理学最为发达的美国，这种争论也十分明显。这恐怕是社会科学和自然科学的重大差别之一（当然，某种社会现象的研究也会形成 - ology，如人类学、考古学，甚至谱谍学等等，但这种学科的研究方法和知识体系同我们所说的社会科学迥然有别，它们最起码会形成 scholars 的共同体，而社会科学的这种共同体就极少，管理学更没有形成）。我认为，对这一点，正是可以深究的，希望学界有志于此者专门撰文探讨。

弄清这些差别，对管理学的讨论是有裨益的。目前，我国的管理学讨论，有些是自说自话，有些是理解偏差。比如，对于“中国管理学”这一概念，如果从knowledge的含义上来说，逻辑上是可以使用的（但我本人不大赞成使用，主要因为歧义太多。即使从逻辑角度考虑，如果中国管理学成立，那么，我们是否还可以在更微观的层次上构建北京管理学或者上海管理学？因为地区之间的差别同国家之间的差别在逻辑上是可比的）；而在science意义上，就根本不能使用，因为科学是没有国界的，如果要把物理学分为美国物理学和中国物理学，则会徒增笑料。从相关争论也可以看出，倡导“中国管理学”的，往往强调其知识上的特殊性，而批评“中国管理学”的，则往往强调其原理上的普适性。

管理哲学显然具有高屋建瓴的意义。然而，在管理学本身概念混乱的前提下，管理哲学似乎缺乏必要的基础。恕笔者直言，中国现在讲管理哲学的，基本上是把哲学概念套在管理知识上进行“重组”，其内容不外是本体论、认识论、方法论，或者加上价值论、伦理论等等。这距离真正的管理哲学还十分遥远。哲学究其本意，应当是智慧之学。以历史学为例，确实既有历史学，又有历史哲学，但历史哲学绝不是对历史知识加以哲学名词的修饰、阐释、重组就能构成的。如果读过黑格尔的《历史哲学》或柯林伍德的《历史的观念》，就能体会到什么是历史哲学。再以政治学为例，如果读过罗尔斯的《正义论》，也就能对政治哲学有一个大致了解。然而，现今所谓的管理哲学，无论中外，根本到不了这个层次。历史哲学、政治哲学、法哲学之所以出现，同历史学、政治学、法学有几千年的学术积淀关系极大。管理哲学在当今，充其量只是一些思想的闪光而已。德鲁克把他提出的目标管理看作是对管理哲学的贡献，正是出于他对目标管理的非技术因素的强调，突出其中的自我控制性质而言的。也就是说，他为管理哲学贡献出的是一个聚焦于一点的思想，而不是管理哲学全部。

关于管理学的这种名词讨论，不是简单的概念游戏。孔子曰："名不正则言不顺，言不顺则事不成。"（《论语·子路》）管理学在中国发展到今天，有必要对这些名词进行学术上的辨析。名词使用上的混乱，既是学科发展生机的表现，也是学科水平低下的表现（较之其他高度成熟的学科而言）。类似的现象，在美国的管理学界也出现过，适当进行这一方面的讨论，对于中国的管理学建设，善莫大焉。

3. 时代变迁与管理学的突破

（1）管理学诞生的时代背景和早期探索

管理学与时代的进步息息相关。从世界范围内看，时代变迁如何影响管理学的发展，是有线索可以寻的。管理学的诞生，就是时代推动的。

从工业化以后，蒸汽机和工业革命推动了经济发展，诞生了工厂制度。工厂的运行催生了早期对管理问题的探索，蒸汽机下的管理与手工工场完全不一样，机器工厂的出现产生了承包制，其实质是把面向陌生人的管理转化为熟人管理。承包制也造成一系列社会问题，如延长工作时间、加大劳动强度等等。在工厂内部，劳资冲突日益加剧。在工厂外部，社会结构与社会运行发生了重大变化。

既然如此，为什么还要用承包制？它告诉我们，一个制度即使弊端丛生，在没有更好的制度取代它之前，只能使用它。但正是它的弊端，催生了改造承包制并进而创建管理学的探索先驱。这些先驱有欧文（人性化管理）、巴贝奇（计量化管理）、麦卡勒姆（大组织管理）等人。再早一点则有亚当·斯密的《国富论》，从经济学角度为管理提供了理论前提，即分工理论和经济人假设。

由此管理学开始了萌芽，这个时期管理研究的关键词是生产。

（2）古典管理学的诞生与发展

西方社会完全工业化，大约在公元1880–1900年前后，管理学正式诞生。这一时期的管理学，一般称为古典管理学，主要代表人物有美国的泰罗、法国的法约尔、德国的韦伯等人。泰罗从生产管理入手，通过定额、流程、培训、激励，形成新的科学系统；重构生产组织，推行职能分工和层级管理；主张思想革命；由此形成科学管理体系。法约尔从经验归纳出发，以管理五大要素（计划、组织、指挥、协调、控制）和十四条原则来建构管理学框架，确立了后来的管理职能体系。韦伯从权威入手，提出了科层组织原理，开了组织理论先声。

古典管理学的特点是以效率为导向，以经济人假设为基本原理，理性至上，重视组织结构和权责体系。

古典管理学的关键词是效率。

（3）现代管理学的问世与成长

仅仅强调如何提高效率，人类生活从物质匮乏时代进入生活富裕阶段，社会问题是否得到了解决？相反，社会问题越来越多。

1929年到1933年的经济大危机对资本主义社会形成严峻的挑战。在这一挑战面前，管理学开始了新的探索，思考发展生产的目的是什么？提高效率的目的是什么？工业生产、社会变革到底为了什么？这种思考导致了古典管理学后的第一个转向，诞生出了现代管理学。代表人物有梅奥、巴纳德、西蒙。梅奥主持的霍桑实验提出了社会人假设，展开了行为研究。巴纳德以组织平衡论确立了人的主体性，以组织构成论打通了组织与社会的关系，以权威接受论引入民主管理和责任伦理。西蒙以有限理性确立了行为研究的基本思路，以决策分析建构了管理研究模式。

现代管理学的基本特点是不再局限于效率追求，确立了“以人为本”的理论基础，研究管理中的人的问题，专注于研究人的行为与组织行为，致力于决策理论和战略管理。

现代管理学的关键词是人本。

（4）当代管理学的反思与探索

古典管理学到现代管理学完成了华丽转身，从效率转变为人文，那么这种转身是否结束了？

上世纪60年代西方出现社会危机，民权运动和社会变化对资本主义社会方方面面形成新的冲击。在社会变化之中，管理学开始了新的探索，走入新的阶段，这时期产生了一批人，代表人物有明茨伯格、阿吉里斯、德鲁克等，他们不约而同提出了管理学的转向问题，当代管理学由此萌发。明茨伯格对经典管理学进行了全面批判并提出管理角色理论，阿吉里斯通过反思科层组织提出了组织学习理论，德鲁克对管理进行了全方位的新探索。

当代管理学是在对传统管理的全面反思基础上发展起来的，主要特点是通过实践提炼和检验管理理论，改变个人与组织之间存在的对抗现象，追求管理由他治向自治的转化。

当代管理学的关键词是自治。

（5）管理学新变革的酝酿

上世纪 90 年代以来，互联网和人工智能的兴起和发展，为组织变革提供了技术条件，这对管理活动也提出了新的挑战。知识经济超越传统产业，虚拟经济超越企业实体，呼唤着管理学的变革。菲佛提出的“循证管理”和高沙尔提出的“个性化公司”，就是其中二例。但这种转变至今尚未全面展开（菲佛的主要理论贡献在资源依赖理论，高沙尔的主要贡献在跨国公司管理，从侧面反映出这一点）。

新变革的方向依然不明确，但主题已经显露，主要集中在由自治到创新、组织变革等方面。

这个时期的关键词很可能是个性。

总之，管理学的发展与时代紧密相关，其关键词经过从生产到效率、人本、自治和个性的变化，这些主题词可以概括管理学的变化过程。

第六章

对管理思想的误读

1. 文化差异和经典误读

法约尔属于管理学界开山鼻祖式的大腕级人物，他的著作《工业管理与一般管理》属于管理学的必读经典，传遍了整个世界。但是，由于文化的差异，不同国度、不同民族、甚至不同个人，会对经典形成不同的解读。正如研究莎士比亚的学者所言："一千个观众，会有一千个哈姆雷特。"法约尔也不例外。

法约尔提出过十四条著名的管理原则。其中有一条就是"个人利益服从整体利益"。从字面意思上看，这条原则再简单不过，几乎不存在误读的可能性。然而，世界的奇妙之处正在这里，字面上如此清晰的陈述，在人们的理解上却大相径庭。

作为西方文化背景下熏陶出来的学者和经理人，法约尔在叙述这条原则时十分简洁，翻译成中文全部不过二百余字，其中最主要的语句如下："在一个企业里，一个人或一些人的利益不能置于企业利益之上，一个家庭的利益应先于其一个成员的利益，国家利益应高于一个公民或一些公民的利益。""现在在我们面前有这两种不同范畴但却同样重要的利益，要尽力把它们处理好，这是政府方面最大的难题之一。成功的办法是：（1）领导人的坚定性和好的榜样；（2）尽可能签订公平的协定；（3）认真的监督。"① 对于他来说，他的那些同胞众人皆知、不言而喻的道理，似乎不需要详加论述。然而对于我们来说，就要费点口舌了。在西方，尤其是在法约尔的母国，启蒙思想和大革命的影响，个人权利观念已经深入人心，所以，谁也不会认为，法约尔强调个人利益服从整体利益，就是要否定个人利益的存在或贬低个人利益，恰恰相反，他是以个人利益作为整体利益的基础和前提。但他没有对此展开，而只是强调整体利益高于和优于个人利益。在相应的叙述里还隐含着这样一个道理，即整体利益的高于和优于个人利益，恰恰是为了保证和实现个人利益。所以，他才会强调两种不同范畴的利益同样重要。在具体处理方法上，法约尔强调"公平的协定"，公平不是单方面的，必然有双方存在，整体利益作为一方，个人利益作为另一方，才是法约尔所言公平的真实含义。

在中国的文化传统中，个人利益是一直缺位的。所以，法约

① 《工业管理与一般管理》，中国社会科学出版社 1982 年版，第 29 页。

尔的陈述，到了中国似乎就产生了某种变化，三十年前，笔者就听人从法约尔的这条原则出发大讲中国式的集体主义，甚至用法约尔的话来说明西方式个人主义的荒谬。显然，法约尔的这一原则，在此人口中已经被中国化了。这种解读上的偏差，对于准确理解相应的理论，难免产生某种扭曲。在许多管理学书籍中，这种偏差虽然没有那么明显，却也能感受得到。例如，某一影响很大的管理学教材，不但介绍了法约尔的观点，还在管理伦理的章节中引用了不少西方学者对社会伦理和个人伦理的关系的论述。按理说，作者应该对个人利益和集体利益的关系有准确的把握，但事实却不尽然。在管理方法章节中，作者在谈到教育方法时，不厌其烦地讲述爱国主义和集体主义教育，谈起大公无私、无私奉献、牺牲精神、献身精神等等，一套又一套，几乎同党报社论差不多。对此，人们不免会产生疑问：作者是否理解了法约尔的原意？

再进一步，这种解读上的差异，必然会造成论述上的逻辑冲突。在我们有些学者那里，统统不算什么，只要觉得有用，就拿来作为自己的立论依据。中国的管理学著作，这一问题并不少见。比如，有的谈管理伦理的论文，在前面先批驳一通经济人假设的缺陷，认为经济人假设缺乏伦理视角，而在后面谈伦理建设的思路，所采用的方法恰恰是不折不扣的经济人假设。所以，对于那些以中国式集体主义来解读法约尔“个人利益服从集体利益”原则的人，笔者不揣冒昧，怯怯地问一句：你读懂了没有？尤其是对那些至今还得意洋洋地用“大河没水小河干”的道理教育群众的先生们，再追问一句：大河的水是从哪里来的？只有看到以个人利益为基础，才能真正理解法约尔重视整体利益的内涵。

2. “把工人当作机器”的误解

在国内的管理学著作中，经常可以看到这样的语句：工业革命后，资本家唯利是图，把工人当作机器。言谈之间，义愤填膺，似乎把工人当作机器，就是资本主义罪恶的铁证。还有的著作批评泰罗，认为泰罗制的本质缺陷，就是把工人当作机器。很少有人怀疑，这种说法有什么不妥当的地方。

但是，如果用心深究，就会发现，把工人当作机器，在历史上起过极大的进步作用。

最早提出要把工人当作机器的，恰恰不是那些贪得无厌的资本家，而是人本管理的先驱、对工人关怀备至的空想社会主义者欧文。他为人正直，试图靠自己的努力建立一个和谐友善的新型社会。1800 年前后，他在苏格兰的新拉纳克开办纺织厂，在管理上进行了划时代的人性化探索。1824 年，他到美国的印第安纳建立空想社会主义的新村（又名新和谐）。在他领导的工厂里边，工人得到了当时最好的关照，他放弃了体罚手段，着力于养成工人的自尊和自信，给工人提供两室的住房，缩短劳动时间，为工人子弟举办幼儿园和小学，给工人补习文化。新拉纳克的工厂，被称为实业界的圣地，欧洲各国来参观者络绎不绝，甚至俄皇尼古拉一世都去那里学习。欧文的成就，受到了严厉批判资本主义罪恶的恩格斯赞扬①。正是这样一位创立马克思主义理论来源之一的伟人，一位值得尊敬和信赖的圣徒，却明确宣布并号召当时的企业主，要把工人和机器同样对待。

在欧文的文章里，对那些企业主和监工们说道："经验还向人们表明，整齐清洁、安放合理和维修良好的机器与因无人过问而肮脏混乱、无防止不必要磨损的手段，因而几乎是在失修的情况下运转的机器所带来的结果是不同的……因此，如果对无生命的机器状况给予适当的注意就能产生如此有利的结果，那么如果对你的极为重要的构造更为奇特的机器（人力资源）给予相同的注意的话，什么样的结果不可以期望取得呢?"在另外的演讲中，他直接把工人称为"活机器"，他嘲笑他的同行把大把金钱花在机器上，而不愿把钱投向"活机器"。他认为，"如果把钱用来改善劳动的话，那么这笔钱给你带来的收益将不是你用去资本的

---

① 具体可参见《反杜林论》的有关论述，《马克思恩格斯文集》第九卷，人民出版社 2009 年版，第 277 – 280 页。

5%、10%或者15%，而是50%，在许多情况下甚至会是100%”①显然，欧文所说的“把工人当作机器”，并不像我们惯常理解的那样坏。

对“把工人当作机器”理解上的误差，来自于时代的差异。工业革命显示了机器的巨大威力，致使当时的多数企业老板见物不见人，对机器关怀备至，细心呵护，但对工人却粗暴残忍，漠不关心。正是在这一背景下，欧文倡导“把工人当作机器”，其中的积极意义不言自明。

当管理学由偏重效率转向以人为本后，“把工人当作机器”的内涵就发生了时代变化。因而，我们可以说，在古典管理学时期，把工人当作机器看待根本不是什么缺陷和不足。只有发展到现代管理学阶段，把工人当作机器才显示出它的时代局限。如果我们不区分时代差异而不分青红皂白地批评“把工人当作机器”的不人道，并不能显示出我们的道德高尚，只能显示出我们的浅薄无知。恰恰是那些严厉批评古典管理学把工人当机器的教科书，在谈到欧文的时候可能由于恩格斯赞扬的缘故吧，却充满了推崇口气。但是，这些作者似乎忘了，他们的批评和赞扬恰好在互相作战，陷入了韩非所举的矛与盾悖论。

① 参见雷恩：《管理思想的演变》，孙耀君等译，中国社会科学出版社1986年版，第72－73页。

3. 韦伯式官僚制的误读

在管理学著作中，几乎离不开官僚制。中国的官僚制和马克斯·韦伯所说的官僚制，压根儿不是一个概念。但是，由于都采用官僚制这个词汇，导致在相当一些书籍中，对韦伯式官僚制产生了中国式误读。

中国式官僚制，产生于古代大一统专制国家。从战国开始，随着中央集权制的建立，中国式官僚制就开始形成，而且经过两千年发展演变，使中国的官僚制高度成熟，洋洋大观，有一套自己独有的组织规则和运作机制。它的规则和机制有显性的，如古代法律；也有隐性的，如陋规常例。对于这种官僚制的研究，已经有很多著作，其中王亚南的《中国官僚政治研究》具有一定的代表性。对于中国式官僚，在英语中有一个专用单词 mandarin。

当然，这个单词主要指清朝官僚（因而这个词往往翻译为“满大人”）。如果是其他王朝，用 officer 也未尝不可，但没有 mandarin 传神。

韦伯所说的官僚制，则是资本主义社会诞生的一种不同于封建社会的组织模式，它建立在专业分工和工具理性的基础上，完全排斥情感因素，以社会平等为前提。官员的级别差异，来自于知识和技能的不同，而与人的身份地位无关。这种官僚制，在韦伯的《经济与社会》中有深刻的分析，英语中一般用 bureaucracy 来表达，在不发生歧义的情况下，也可以用 officer。

一般情况下，学者都能区分中国式官僚制和韦伯式官僚制。中国式官僚制，其社会基础是等级制，甚至还有一定程度的世袭制因素。它的实质，是按人的身份差别区分官僚等级，建立在法外特权的基础上。这种组织的运行，归根结底是人治型的。这种组织也有法律制度，但法律制度是不规则的，受君主以及特权享有者的任意支配。而韦伯式官僚制，其社会基础是人格上的平等。官员的级别差异，同担任职务的人员无关，只是一种组织上的等级差异。它的实质，是法律面前人人平等。区分这两种官僚制，有一个十分简便的判别标准，就是看具有司法性质的争议裁决功能是否独立，是否做到程序公正。

但是，中国的学者由于长时间的耳闻目睹，习惯濡染，对于中国式官僚制有着一种下意识的认同。因此，在阐释韦伯式官僚制时，往往有意无意地加以“中国化”的理解。比如，同样是对韦伯式官僚制的批评，西方学者主要着眼于官僚制的非人格化和专业分工，而中国学者则往往强调官僚制的等级结构和效率低下。殊不知，身份等级和效率低下，恰恰是中国式官僚制的弊端，而韦伯式官僚制，恰恰以身份平等和效率优势取胜。中国学人由此出发对韦伯的批评，刚好是打错了板子。再进一步，西方学者提出改造官僚制，突出以人性化改造官僚制的理性至上；而中国学者提出改造官僚制，突出以法治体系代替人治体系。这样理解韦伯的官僚制，难免南辕北辙。

附带指出一点，中国有不少学者，特别是社会学界，在谈到韦伯式官僚制时，往往采用“科层制”来表达。这实际上是一种对官僚制误解的校正。但科层制这一译名，并不符合 bureaucracy 的原意。

4. 需要层次论是如何误读的

马斯洛的需要层次论在管理学界几乎人人皆知，凡是讲到激励理论，很少有不提马斯洛的。然而，就是这一极为普通的理论，仍然存在着误读现象，而且误读还不止一种。

误读之一，就是由于国情不同，文化不同，对原作进行了“适当”的剪裁加工。最明显的，就是生理需要缺失了“一半”。在马斯洛提出需要层次论的时候，生理需要包含了两大组成部分，一部分是个体生存的需要，如饮食的需要；另一部分是群体生存（类生存）的需要，即性的需要。但是，在中国的书籍介绍中，性的需要往往变得无影无踪。之所以会产生这样的剪裁，有人认为与性话题的禁忌有关。性言论禁忌在哪个国家都有，只是程度不同。但即使有禁忌，也很少限制学术性表述。我们的这种剪裁，恐怕不仅仅是性言论禁忌问题，而是“政治正确”和“导向正确”的反映而已，在改革开放以前，学术也是有禁区的。马斯洛最初传入中国是在上世纪 80 年代初期，当时谈“性”色变几乎是正常的，但这种遗迹至今尚有存留。这种误读虽然不是大事，却对全面准确掌握原理论有妨碍。马斯洛原文中的“爱情需要”（在《动机与人格》中修正为“归属和爱情需要”）在我们这里变为“社会需要”或“交往需要”，也属于这种误读。

误读之二，就是把需要层次论分为物质需要和精神需要两大方面。多数书籍谈到需要层次论，都把生理需要和安全需要归入物质需要，而把社会需要、尊敬需要和自我实现的需要归入精神需要。仔细看马斯洛的原文，就会发现，这种两分法并不属于他的原意。在马斯洛那里，五种需要都是基本需要，而且根本不能简单地以物质和精神来归类，生理需要和安全需要不仅仅是物质欲念，而且也是精神欲念，甚至能上升到哲学和宗教水平。马斯洛明言，对于饥饿者来说，生命的定义就可能等于吃饭，天堂就是食物充足的地方，用宗教和世界观把宇宙和社会组成令人满意的和谐以及有意义的整体，也是出于安全需要。两分法的误读，恐怕来自于我们自己的思维定势，是长期以来非此即彼或对立统一的矛盾学说造成的。在我们的传统中，只有两极思维，缺乏多极思维，所以，会对多极概念形成不自觉的拒斥。这种误读，就有可能造成比较大的理论偏差。

误读之三，就是过分强调需要层次论的“分”而忽视其中的“合”。马斯洛特别强调，人类的需要是一个整体，划分不同的需要，正是为了从整体上看清楚人类的需要。因为科学研究如果不将对象分解为一个个的简单部分，就无法进行研究，但这种“分”必须落脚于“合”。用马斯洛的原话说：“这里所要阐述的一般观点是整体论的而不是原子论的，是功能型的而不是分类型的，是能动的而不是静态的，是动力学的而不是因果式的，是目的论的而不是简单机械论的。尽管一般都认为这些对立的因素是一系列可分的两面，但作者却并不这么认为。”① 马斯洛的需要层次论，说的都是人的基本需要，而过于强调“层次”却忽视“基本”，所造成的误读危害最大。例如，当我们以线形因果关系设计某种激励方案时，还有可能沾沾自喜地以为符合需要层次论，岂不知有可能正与需要层次论的本意南辕北辙。

① 马斯洛：《动机与人格》，许金声等译，华夏出版社 1987 年，第 363 页。

5. 如何理解人性假设

人性假设在管理学中具有基础地位。了解人性，是进行管理的前提。因此，各种管理学教材，总要对人性假设给出概括说明。社会科学中的基本假设，相当于自然科学中的公理。

在各种管理学教材中，首先遇到的问题是：基本人性假设的内涵和外延？如何分类？有多少种类？在这方面，最常见的是以沙因在《组织心理学》中的概括为基础加以介绍。但是，包括西方的教材在内，介绍沙因关于人性假设的概括时已经有了偏差。大体上说，沙因的概括，是以经济人假设和社会人假设作为基本假设，又以马斯洛和麦格雷戈的思想为基础专门论述了自我实现人假设。所以，可以把沙因的概括看作三种基本假设（或者是两种基本假设加上自我实现人作为参照），在综述前人的基础上沙因自己提出了一个变通综合性的复杂人假设。从学术论证的角度看，经济人、社会人（也可以加上自我实现人）属于一个层次，复杂人假设不能与其并列。但西方的各种教材，多数是把经济人、社会人、自我实现人、复杂人并列起来。对于没读过沙因原著的人来说，很容易对这四种人性假设的逻辑关系产生误解。

在中国的管理学教材中，这种误解不但存在而且被持续扩大。以教育部推荐教材《管理学》（芮明杰编著，高等教育出版社）为例，该书专门有一节“管理中的人性假定”，分为受雇人、经济人、社会人、管理人、自我实现人五个子目，即把这五个概念看作并列关系，同时又在文字叙述中把这五个概念看作是具有时代演变性的递进替代关系。学生最容易感受到的是它们之间的递进和替代，这种理解会使认知偏差越来越大。这本教材在国内是质量较高的，尚且如此，那些质量参差不齐的教材则问题更大。有些教材在人性假设的论述上，缺乏基本的逻辑理念。

我们认为，从管理学的研究进展来看，目前得到学界公认的人性基本假设，恐怕只有经济人与社会人两种。而这两种基本假设之间，明显不是递进关系而是互补关系。所谓经济人假设，发源于斯密，完成于密尔，在管理学中光大于泰罗。经济人假设有两个关键词：一是理性，二是自利。这种假设相信，人的行为是由理性支配的，研究人的行为不需要考虑非理性。人的行为都追求自身利益，这种自身利益有可能包括多种内容，既有经济利益又有非经济利益（这就需要适当界定利益的范围，在这个问题上的常见误解是把利益等同于经济利益，从而把非经济的自利当作利他）。经济人假设可以解释大部分人类行为的动机来源，然而，总有部分行为用经济人假设无法解释，把非理性排除在行为因素之外明显不符合事实。到了霍桑实验，指出了经济人假设的不足，提出对应的社会人假设。所谓社会人假设，也有两个关键词：一是情感，二是群体。社会人假设认为，人的行为要受情感支配，如果人只有理性没有情感，则无异于机器，失去人的本质。研究人的行为必须考虑情感。在情感的影响下，群体关系是行为动机的重要来源。从个体看，人的行为不总是利己，也有可能做出利他行为。这里需要注意的是利己和利他的区别，与逻辑分析的单元界定有着密切关系。一个人很可能为了他人而做出自我牺牲，从个体看属于利他，但以群体为单元就属于利己。由此可见，社会人假设的提出，并非“取代”了经济人假设，而是两种假设的相对性互补。社会人假设弥补了此前经济人假设的“个人主义”不足，把人类行为研究由个体行为扩展到群体行为。

现有的教材，如果对经济人假设和社会人假设辨析不足，往往会诱导读者不去思考两种基本人性假设的内涵，而是只看到多种人性假设的并列或者递进，致使对人性问题产生误判。例如，相当多的人给经济人假设先带上一个“认为人只有经济利益”的大帽子，然后进行批判。赞扬社会人假设的进步，也只是强调社会人假设认为“人不是只有经济利益”，乃至以中国式的集体主义和雷锋精神来解释社会人假设，这种误解误判，正是限制国内管理学研究水平提升的原因之一。

当然，社会人假设是在批判经济人假设的基础上提出的，所以，人们首先会看到二者的对立。这两种假设虽然互相对立，但正好相反相成。那种言辞激烈的互相批判，正是以对方的存在为前提的。梅奥虽然声称经济人假设已经过时，但他无法使企业不追求效益。而一旦有效益（包括社会效益）、利润、生产率等等概念介入，经济人假设就在其中悄然复活。这正是梅奥思想中自身矛盾的一个表现。后来更多的人性假设，如沙因提出的“复杂人”假设，只是想在二者的互补基础上寻找出新的统一而已。如果从类型学的逻辑结构来看，沙因把“自我实现人”列入人性假设，本身就同已有的两种人性假设不在一个层次上，而“复杂人”更是综合二者的一种假设。也许，试图调和二者的种种努力，恰好是经济人假设和社会人假设无法分离的表现之一。

第七章

经典管理思想运用

1. 什么是“学习型组织”

近些年来，“学习型组织”变成了一个十分时髦的概念，政府官员也讲，公司经理也讲，几乎到处都能听到。但我们不妨问一句：“什么是学习型组织，弄清楚没有？”

谈到学习型组织，有不少人都引经据典，把彼得·圣吉的《第五项修炼》拿出来作为佐证。如果有点理论水准的，往往还要再把阿吉里斯也搬出来。确实，学习型组织同这两个人密切相关。但是问题在于，知道这两个人的名字，难道就等于掌握了他们提出的理论？

从理论源流看，阿吉里斯属于学习型组织的理论奠定者，圣吉属于学习型组织实际应用设计者。所以，要弄清学习型组织的确切含义，还需要从阿吉里斯的管理思想说起。阿吉里斯是组织理论的专家，他的著作有几十种之多，基本上都同学习型组织有关。早在上世纪 50 年代，阿吉里斯就敏锐地感受到组织和个人的冲突。他认为，各种正式组织存在一个十分巨大的不足，就是它阻碍个人的成熟。个人的发展，总体趋势是从不成熟走向成熟，但组织却会把人阻断在不成熟状态。比如，人的成熟标志之一是独立，但组织总是培养人对它的依附性。说不好听点，就是组织在某种意义上鼓励“弱智”。所以，要使个人和组织取得和谐，就必须对组织进行改造。

从个性和组织的矛盾与冲突出发，阿吉里斯开始寻找重新设计组织的出路。到 70 年代，阿吉里斯同舍恩一道，提出了学习型组织的概念。到 90 年代，麻省理工学院成立组织学习研究中心。圣吉的《第五项修炼》，则对学习型组织的实务进行了多方面设计。不管把学习型组织说得多么复杂，有一点是明白无误的——学习型组织的宗旨，就是消除组织和个人之间的冲突，使人的发展与组织目标的实现完全吻合。从消极的角度讲，就是要克服组织阻断个人成熟的因素；从积极的角度讲，就是使个人在组织中真正达到自我实现。管理学的常用术语中，从偏爱组织到偏爱团队，从强调组织目标到强调共同愿景，就反映出组织学习的趋势。

由于文化的差异，中国人一说起学习，往往会泯灭个性发展的内涵。我们的学习，尽管名目繁多，但有一点似乎具有共性，就是要通过学习，磨掉个人的某些“棱角”，增进个人对组织的依赖性。不管学习的内容是什么，我们的学习，总是要强调某种“皈依”，而不是强调“自主”。这样，我们所说的组织学习，往往同阿吉里斯和圣吉所说的组织学习南辕北辙。

所以，是不是真正倡导学习型组织，不妨用以下标准来判断：凡是能够促进个性发展和自我完善的，就属于学习型组织；凡是弱化个性而强化组织依赖的，统统不是学习型组织。以此衡量，我们在许多场合听到的“学习型组织”，充其量不过是传统意义上的“教化”而已，甚至有可能是个性发展的进一步阻断。

2. 目标管理的错位和错时

在中国，目标管理是推行较为普遍的一种现代管理方法。但是，很少有人注意到这样一个问题：目标管理的原初思想是什么？中国的目标管理与欧美的目标管理有什么差异？

目标管理来源于美国管理大师德鲁克。一般我们都会这样解释：所谓目标管理，就是根据组织发展的总目标，层层分解出子目标，构成一个目标体系。强调各级管理人员和所有员工都要参加目标的制定和分解工作，在完成目标中充分发挥各个部门和所有人员的主动作用，并把目标作为对部门和个人的考核依据。目标管理的实质，在于下级人员参与管理。

这个解释，应该说没有任何问题。但是，有一点是这个解释不能包含的，就是中国同西方相比，目标管理的时空背景不同，因此，在中国推行目标管理，就有可能产生错位和错时现象。

西方的目标管理，有两个重要的前提，一是专业化，二是程序化。从亚当·斯密以来专业化的发展，从经济学强调的技术分工，到管理学强调的职能分工，再到政治学和社会学强调的社会分工，西方已经变成了一个广义的专业化社会。这种高度发展的专业化，在经营管理上为“做得好”创造了充分条件。但“做得好”不等于“做好事”，专业之优不等于效果之优。另外，从泰罗、法约尔以来的管理技术发展，使企业经营的过程得到了高度重视，从计划、决策、战略，到组织、人事、激励、沟通，再到控制、监督，每个环节都有深入的研究，为恰当安排经营活动提供了科学依据。但局部科学不等于全局合理，片段之优不等于整体之优。在这种背景下，德鲁克提出了目标管理，其基本目的，就是消除过分专业化和过分程序化带来的只见局部不见整体的局限，谋求整体经营效果的改善。

目标管理的原初思想有三个基本点：一是目标管理主要适用于其组织目标可以进行计量的单位，找不到目标计量尺度的部门或领域，要实行目标管理将会十分困难。二是目标管理是一个复杂的动态过程，不论具体的目标多么复杂，在组织总体上表现为一个目标系统或目标总汇，实现目标总汇需要平衡艺术和权变行为。三是目标本身的多样性，决定了不宜在实施目标管理时单一追求利润指标，而要用目标总汇来代替单一的利润指标。

在中国改革开放之初，既没有经过充分发育的市场来推进专业化，也没有经过管理科学的洗礼来推进程序化。因此，从上世纪80年代以来在中国推行目标管理的活动中，我们可以看到形形色色的“错位”和“错时”现象。

所谓“错位”，有两层含义。一是在不宜推行目标管理的组织系统中推行它。例如，同企业相比，政府和公共部门的目标计量要困难得多。从理论上讲，目标管理不大适用于政府（当然，不同的政府部门，其目标的可计量性也不同，需要区别对待）。然而，中国的某些政府机构，在推行目标管理上，其热心程度远远大于企业。二是在目标管理中不是强调目标总汇，而是突出单项目标。例如，企业用单一利润指标（甚至用比利润指标更狭隘的单一销售指标等等）来替代目标总汇，政府为了“省事”，用某个单项指标（如GDP）来代替整体目标。不同体系都有类似倾向，如公安系统用破案率来代替社会治安综合指标，高校用论文数量和级别来代替科研水平整体指标等等。这种目标管理，距德鲁克的原意差之甚远，甚至背道而驰。

所谓“错时”，是指用前工业化时期的手段来对付后工业化社会的问题。目标管理在西方的兴起，是在西方工业化国家经过了长期的科学管理洗礼，专业化的经理阶层早已形成并在社会中逐渐成为中坚力量，劳动者素质有了长足的提高、知识经济的诞生等前提下出现的。然而，众所周知，中国的工业化发展虽然快速，但同发达国家比依然有较大差距，最明显的，是中国的管理中依然带有许多前现代的痕迹。历史的发展是一种“否定之否定”过程，在第二个否定后，会出现许多类似于“肯定”的现象。后工业化社会的许多管理措施，与农业社会相比在表面上很相似。如上班时间的灵活性，就同农民自主安排下地时间很相像，而不同于机械化车间的划一安排；发挥员工的自主性，就同手工工匠的自由创作很相像，而不同于标准件的生产要求。如果误以为农业社会的举措就是医治工业病的良药，那就大错特错。然而，这种“否定之否定”后的相似性，会使许多人误解。如果加以更深层次的考虑，我们就会发现，那种试图以古老的东方文明来拯救西方社会弊端的善良愿望，那种前现代国家对“后现代主义”的异常热情，都同这种“错时”有关。作为管理者，必须清醒地认识到，目标管理不能盲目推行。如果没有科学管理的基础，没有高水平、高素质的管理者和劳动者，采取目标管理方法就很有可能使其变质，造成前工业化社会的自由放任式“无管理”状态。

指出上述问题，不是说我们不能采用目标管理，而是提醒我们应当重视目标管理的实施条件。在推行目标管理时，反问自己几个问题：你的目标能否真正衡量？是不是形成了目标总汇？目标总汇同组织愿景是否吻合？你的规章体系是否严密到了过于偏重程序的地步？你的中层管理者和基层员工是否已经养成了工业社会造就的“现代性”？只有在这种反问中，目标管理才不会走样变质。

3. 事业部制适合哪种企业

事业部制是当代大型企业中的常见组织结构模式。按理说，随着经济的发展，管理学界对事业部制应当有比较透彻的了解才对。但是，在国内的管理学著作中，常常可以看到对事业部制的一些误解。这些误解，在某种意义上可以反映出中国管理学的不足。比如，有些管理学教科书就有这样的断言：事业部制适用于多种经营企业。还有的教科书甚至说，面对环境变化的日趋加快和竞争的日趋激烈，企业可以采用事业部制来增强自己的应变力。等等。

事业部制是否适用于多种经营企业？是否能够增强企业的应变力？让我们还是看看它的原初设计意图再下结论。

多数人都知道，事业部制的正规名称是联邦分权制（federal

structure），它的雏形出现于1920年皮埃尔·杜邦对公司的改组，正规诞生于1922年斯隆在通用汽车公司的全面实践，广泛推广于1950年以后通用电气公司的组织革新。事业部制的经典模式是由斯隆创立的，所以，人们常常把它称为斯隆模式。对这一模式作出权威性理论论证的，是德鲁克的《管理：任务·责任·实践》。这本书中关于组织模式的论证，又反映在德鲁克的论文《今日组织模式的新样板》中（见《哈佛管理论文集》，中国社会科学出版社1985年版）。

事业部制的基本思路，是把一个大型公司分为三个层次：由总部负责投资和政策，但不从事具体经营；各个事业部必须是能够独立核算的实体单位，从事相对独立的经营活动；事业部下属的基层厂部组织和管理具体的设计、生产和销售业务。这三个层次的划分，与美国的联邦政府、州政府、地方政府之间的关系十分相似，也与某些高校（如牛津、剑桥等）的大学、学院、系部之间的关系十分相似。所以，事业部制并不是企业的首创，而是政府和公共事业现有组织模式向企业的移植。

事业部制的最大优势，是在垄断型企业中激发内部活力。企业一旦进入垄断状态，就会失去来自外界的竞争压力。不管是完全垄断还是寡头垄断，也不管造成垄断的因素是政策性的还是技术性的，都会减弱竞争，区别只是竞争压力的减弱程度和减弱方向。斯隆之所以要在通用汽车率先进行事业部制改革，最重要的初衷，就是克服他的公司在汽车销售总量已经在北美市场占据压倒优势后带来的“店大欺客”现象，同时解决并购带来的战略不和谐。既然公司外部已经没有了竞争压力，那么，就用事业部之间的适当竞争来刺激经营者；为了防范事业部之间恶性竞争的出现，总部保持投资干预和政策规范手段。很明显，这种改革是内部效应式的，它不是放之四海而皆准的万能模式。

按照德鲁克的观点，事业部制的适用范围，只能是大型的单一产品、单一市场的公司。如果是小型企业，那么法约尔模式（直线职能制）就足够了。如果是多种经营、多种市场的企业，那么，在经营项目和目标市场上就缺乏形成事业部之间竞争的条件，而且也难以用统一政策加以规范。德鲁克还明确列举了斯隆模式在当代不能作为范例的六个方面变化：1. 通用是制造型企业，而现在有大量的非制造型企业；2. 通用的产品、技术和市场具有单一型，而现在的企业则是多种产品、多种技术和多种市场；3. 通用面对的是文化、政策、法律的单一环境，而现在的企业要对应不同的国家、多种文化的冲突、性质迥异的政府和法律等等；4. 通用的管理中信息处理不占首位，而现在的企业首要任务是信息处理；5. 通用的管理对象主要是体力劳动者，而现在企业的管理对象是知识工人；6. 通用的优势在管理而不在创业，而现在的企业需要把创业和革新摆在首位。

显然，德鲁克对事业部制的适用边界做出了明确的回答。只要认真读过德鲁克的书，应该是不会产生误解的。那么，更进一步的问题是：为什么还会出现教科书中似是而非的阐释。答案只有一个，就是那些认为事业部制适用于多种经营并能增加企业应变能力的作者，并未读过德鲁克的原著，而是转引他人的观点或自行想象发挥。

还有一个值得注意的因素，就是名词概念的模糊性和时代性。事业部制在斯隆主政通用汽车时期形成，所以德鲁克把它称为斯隆模式，但到通用电气推广后，随着多元化经营企业采用分权模式，组织结构产生了相应变化，德鲁克把这种多元经营的模式与斯隆模式区别开来，称其为模拟分权模式。这种模拟分权模式有的在名称上沿用了事业部制的旧称，关于事业部制的误解与这种变化有关。德鲁克本人是把联邦分权制与模拟分权制区别开来的。在管理学研究中，澄清这种词语歧义相当重要。

4. 契约关系还是管制关系

法约尔的十四条管理原则中，纪律是很重要的一条。但什么是纪律，却很值得我们考察一番。

人们对一个词汇的理解，离不开所处的社会环境。纪律和法律这两个名词，在中国和欧美的用法差别极大。中国人说起纪律，通常都会理解为管制，想到的往往是制裁。我们可以先看看中文词书对纪律的解释。《现代汉语词典》的释文是："政党、机关、部队、团体、企业等为了维护集体利益并保证工作的正常进行而制定的要求每个成员遵守的规章、条文。"《辞海》的释文大体意思相仿，不过要更详细些："社会的各种组织规定其所属人员共同遵守的行为准则。包括履行自己职责、执行命令和决议、遵守制度、保守国家秘密等，以巩固组织，确立工作秩序，完成该组织所承担的任务。纪律有强制性和约束力，对违反者可实行制裁。”显然，纪律毫无疑问带有强制性，然而，纪律是由谁制定的？是如何形成的？汉语词书更强调“组织”。

笔者不懂法语，暂且假定英文译本不违背原意。法约尔所说的纪律，在英文中翻译为 discipline，汉语从英语翻译为纪律则没有任何错误。但是且慢，文化的差异会使这同一个词汇在两种语言里产生微妙的不同。法约尔为了说明什么是纪律，专门强调说：“纪律，实际上就是和企业同其下属人员之间的协定相一致的服从、勤勉、积极、举止及尊敬的表示。”“简单说，纪律就是对协定的尊重。”（引文译本同前）显然，法约尔在这里所说的纪律不是由管制关系形成的，而是由契约关系形成的。他突出的是协定，而不是制裁。

为了说明纪律的本质，法约尔在“纪律原则”一节中，专门讨论了协定的形成、形式、表现和遵守等问题。当然，也涉及到对违反纪律的惩罚。由于 discipline 确实含有制裁意思，所以，法约尔特别强调了领导人在纪律中的作用。他说：“纪律是领导人造就的。”“无论哪个社会组织，其纪律状况都主要取决于其领导人的道德状况。”之所以强调领导人的作用，就在于协定是由领导人主持制定的，遵守协定的主动权在领导人手里，领导人在协定的履行中负有更多的责任，而且其言行影响到协定的公平性。所以，法约尔进一步指出：“协定应当清楚明了，并能尽量使两方都满意。”“半个世纪以来，在制定企业与其人员之间的协定方面发生了巨大的变化。过去由企业主一方确定的协定越来越多地为一个企业主（或一群企业主）同工会组织集体讨论而定的协定所代替。”在这里，纪律明显是对契约关系的尊重和服从。离开了契约，就无所谓纪律。

问题是，中国人谈起纪律，多数强调的是管制和制裁，上面引用的国内汉语词书对纪律的权威解释，讲的不是协定，而是规定。不是两方的合意，而是单方的管制。在中国，纪律是“组织”制定的，所属人员必须遵守，主要强调的是纪律的约束作用和制裁作用。即便在纪律制定过程中征求员工的意见，那也不是对等的谈判而是组织的恩典。平心而论，包括一些精英人士谈到纪律，通常是把它看作管制关系形成的，强调的也是它的制裁作用。一些很权威的管理学教材在介绍法约尔的管理原则时，只突出纪律的明确性和公正性，领导要称职，对违反纪律要采取惩罚制裁措施等内容。很明显，这种对纪律的理解，在下意识层次依然是从管制出发的。笔者不仅要问：制定纪律的组织，依据的是什么？难道纪律单纯是组织用来约束员工的？再进一步，纪律主要表现为领导对部下的管束，还是主要表现为领导对契约的尊重？

纪律同法律具有同质性。近代以来，在法律的正当性问题上，政治学家洛克的名言：“统治必须征得被统治者的同意”已经深入人心。中国正在走向法治社会，如果说，国家要实现依法治国，那么，企业就要实现依纪治厂。但是，尽管依法治国的口号震天响，仍有一些倾向值得注意。尤其是在个别领导人那里，法纪到底是用来治人的还是治己的，恐怕还是个问题。在法治建设中，有几句众所周知的话，叫作："有法可依，有法必依，执法必严，违法必究。"这段排比话是没错，但还缺少点前提，看不出是谁的法，更看不出法的契约性，所以，以此为法治社会的实现尺度并不合适。如果不明确法律和纪律的契约性质，所谓法治就可能产生偏差。比如，我们可不可以说，秦始皇时期已经实现了依法治国？从现有资料和出土文物来看，秦朝的法制是非常严密明确的，甚至连乱扔垃圾都要杀头。"弃灰于道者，弃市。"秦朝的法律，都是不折不扣被实施的，执法的严格在历史上都是少见的，违法行为肯定会受到严厉惩罚。史家形容为"秦法繁于秋荼，而网密于凝脂"。就是说，秦朝法律数量之多如秋天的草木，网罗之密如凝固的牛油。但是，从现代法治国家的观念来看，秦朝恰恰缺乏法治的基本前提。

就此推论，在企业管理中，纪律确实是必不可少的，但是，如果不能认识到纪律的本质，那么，就有可能把企业的纪律当作中世纪式的学徒守则和行会规章。我们口口声声要建立现代企业治理结构，需要先把企业纪律是什么、谁制定、如何实施搞清楚。

5. 管理需要什么样的秩序

在法约尔的十四条管理原则中，“秩序”一般不会被人误解，但是，真正认识到秩序原则本意的也不多。

一说到秩序，我们往往会想到“井井有条”“井然有序”等等词语。但是，国内的管理学著作，往往把法约尔论证秩序原则时的两句关键性话语省略了。这两句话就是：“表面的秩序可能掩盖着实际的混乱”；“有时相反，表面看起来混乱而实际是有秩序的”。所以，法约尔特别强调区分表面的秩序和实质的秩序。他把秩序分为两个方面，一是物品秩序，二是社会秩序。物品秩序的实质，不是排列得整整齐齐，而是各种物品都放在最能发挥其作用的位置上。为此，法约尔专门举例说：比如一堆按主人意愿放得散乱的文件，有个好心但不懂行的仆人把文件摞整齐，表面上齐整了，却打乱了原来的秩序，主人再也找不着了。社会秩序的实质，是合适的人在合适的位置上，每个人都在他能发挥出自己最大能力的岗位上任职。他还专门指出，那种为了追求表面的稳定有序而增加无益的职位，或在必要的岗位上安置没有能力的人，恰恰是破坏了社会秩序。

由此我们可以推论，法约尔所说的秩序，概括起来无非是“物得其所，人尽其用”。这种实质上的秩序，不能用表象来衡量，归根到底，是人财物各种资源的合理配置和有效利用。

但是，中国的管理学教科书在介绍法约尔的这一原则时，往往会产生一种偏差，就是省略法约尔对表面秩序和实质秩序区别的强调，这就有可能产生相应的读者理解问题。一般来说，专门从事管理学研究并读过法约尔原著的人，通常不会对秩序原则产生误读误解，但读者多数不会去查找原著并核对原意，往往都是按照相应的字面意思来理解这一原则。中国的社会背景和文化传统，很容易使读者只会想到表面秩序。中国是一个看重“面子”的国家，人们在日常生活与待人处事中，往往只讲“面子”而不讲“里子”，甚至为了“面子”而牺牲“里子”。“死要面子活受罪”几乎成了普遍的无意识行为准则。所以，如果只看中国的管理学书籍，仅仅通过二手介绍来了解法约尔，就很有可能曲解法约尔秩序原则的本意。

对经典的误读，不仅有研究人员的误读，而且有二传、三传甚至多传过程中的误读。即使管理学著作的撰写人对经典原著没有误读，如果交待不清楚，照样会产生读者的误读。借用排球比赛的一句话来说，二传不到位，扣球肯定失误。这也提醒学界，在介绍经典时如何做到简明准确是很有讲究的。按照墨菲法则①，只要有出错的可能，那就肯定出错。怎样避免这种二传误读，值得引起管理学界的重视。

① 墨菲法则（Murphy's Law）的最简单表述是："如要出事，总会出事"。这个法则是美国空军上尉埃德塞尔·墨菲于1949年讲的。当时，墨菲负责爱德华兹空军基地的坠机研究实验。试验因传感器发生故障而失败，原因是一位技术员接错了线，而接线是出错可能性最小的事项。墨菲在评论这件事故时，指责技术员说："只要能把事办糟，他就会把这件事办糟"。另一位负责可靠性和质量保险的官员乔治·E·尼科尔斯把这一说法及相关的类似情况称为墨菲法则，使这一术语成为管理学界的一条讽刺性格言。

6.《致加西亚的一封信》的两种解读

在管理学文献里，《致加西亚的一封信》（*A Message to Garcia*）算不上经典，但它却制造了不折不扣的管理时尚。在科学管理风行的年代里，阿尔伯特·哈伯特用一个晚上写出来的这个神话般的小册子，得到了社会的广泛青睐，致使非常严肃的管理史学家雷恩在写《管理思想的演变》时，也不得不提到这本流行读物。时隔90年后，中国进入了“世界工厂”时代，这本书在中国也火了起来，数不清的版本都在讲罗文给加西亚送信的故事。

这本小册子的主人公是罗文，故事很简单：在美西战争期间，美国总统麦金莱要求一个军人罗文把一封信交给古巴的叛军首脑加西亚将军，没有地址，没有指示，罗文依赖自己的努力，历经艰辛，终于完成了任务。整个故事，关键词只有两个：“敬业”和“自主”。

问题是，这本书在中国的流行中，关键词被悄悄置换了。没有人喜欢罗文的“自主”，但却都对罗文的“忠诚”爱不释手；我们所说的“敬业”，也同他们不大一样，在他们那里敬业是“天职”，在我们这里敬业则是“服从”。比如，有的公司在所谓的“企业文化”建设中，最推崇的就是要求员工学习《致加西亚的一封信》，人手一册，还要写心得，讲体会。究其主旨只是一句话：“员工要学会服从上级，始终忠诚于公司，主动克服任何困难，直至完成任务。”

哈伯特的书，背景是科学管理，基础是新教伦理。所以，他以罗文为表率，告诉人们，一个优秀的员工“应该”是什么样子的。而这种自觉自愿、自我努力，恰恰体现了新教徒证实自己是“上帝选民”的内心渴望。哈伯特笔下的罗文，不是出自外在压力，也不是出自金钱引诱，而是出自内心的良知。所以，他的敬业与他的自主是完全吻合的，而且是不可分割的。

新教强调信徒可以同上帝直接沟通，而我们的企业中老板就是上帝。所以，我们的公司学习罗文，要提高的是“执行力”而不是自主性。中国公司强调这个故事中的“军人以服从为天职”，要求员工像罗文那样主动，不是为了证明他是上帝的选民，而是为了替上级排忧解难，替公司创造财富。有的公司在布置学习这本书时，还特意强调该书当年在日本、沙俄和德国都产生了重大影响，其中的用意昭然若揭。

类似的情况，在中国并不少见，比如满街都是卡内基的著作，真假先搁置不论，其倾向却再清楚不过。两个卡内基（安德鲁·卡内基和戴尔·卡内基）在中国的介绍和命运，就很有意思地反映出这一点。他们那种宗教式的虔诚、为社会服务的理念被淡化了，而技巧式的“高招”、战胜别人的“窍门”则成了被津津乐道的东西。推而广之，我们有不少人也信佛，但却同真正的宗教无关，给寺院的布施往往是为了保佑自己发财，功德箱里的钞票隐含着某种贿赂意图。再进一步，某些“毛泽东思想”的所谓信徒，也不过是想从毛泽东那里寻找克敌制胜的法宝而已，是不是真正信仰毛泽东思想他自己清楚。甚至在哲学层次上，作为英美经验主义哲学代表之一的杜威实用主义，也往往被我们理解为“有奶便是娘”的“实用”；追求“最大多数人的最大福祉”的边沁功利主义，被阐释为急功近利的“功利”；从斯密到哈耶克的自由主义，被说成是“当面不说，背后乱说”的鼻祖。近年来，随着对外交往的增进，这种误读在减少，但其后遗症不可小觑。每个管理者在要求下级读《致加西亚的一封信》时，需要好好想想这种差别。

第八章

揭开中国企业文化的面纱

1. 现实挑战中的茫然

许多人已经意识到，中国企业面临着新的挑战。这种挑战，来自于世界性的经济变化，来自于中国自身的结构转型，来自于网络和电商的技术发展，来自于国家政策的宏观调整。但是，身处其中的企业家，往往把这种挑战看作是独特的，不容易看到其中的共性。有必要指出，这种挑战是整体性的。

所谓整体性，是指中国企业可以看作一个完整的研究单元。很多人都认为，每个企业都是独特的，例如，进入五百强的巨型企业，同街头的夫妻小铺显然不一样；有着政府权力后盾的国企，同只能在商海中求生的民企，所依赖的资源差别巨大；有着总部大楼的企业，同租赁两间门面的商户，发展战略在根本上不同。汉语词汇没有单数复数的区分，所以，一说企业，人们往往会看到“这一个”，而看不到“企业界”。因此，人们对中国企业的整体认识，除了那些冷冰冰的数据外，迄今还非常模糊。以企业文化为例，至今谈到这一问题的，往往是把那种只触及皮毛的现象罗列当作经典（如霍夫斯泰德的文化维度模型），而很少深入到内核考察。

在这种挑战面前，我们有必要向企业家提出两个问题：你们了解中国的企业吗？了解你自己的企业吗？对这两个问题的回答，有助于企业的转型。

可能有些老总不以为然，有可能我对全国的企业不了解，难道我连自己的企业也不了解？对此，千万不可自负。例如，一般情况下，最熟悉子女的莫过于父母，但父母对子女究竟了解到什么程度，恐怕也得画个问号。更重要的是，根本意识不到自己不了解的，甚至把这个问题不当问题的，也大有人在。在官方和民间之间、总经理与员工之间，这种不了解恐怕更严重。有一件事情，可以作个旁证。一个专门研究艾滋病问题的学者曾经谈到，某地的艾滋病上访者，当卫生部接待人员问他们最重要的诉求时，回答是房子破漏，要求帮他们修房子。官员和学者可能在当时都意识不到这个问题的分量，觉得这样的小事值得进京上访吗？等这位学者承担国家社科基金后进行实地调查才发现，当地传统，乡民最重要的事情就是给儿子娶媳妇传宗接代，而要娶媳妇必须有房子，所以房子就是关系子孙后代的大事，许多乡民拼上性命也要建房，甚至认为用命来换房子都值得，“卖血”多与

"盖房"直接关联。所以上面询问他们最重要的诉求时，当然要说房子问题。这些没见过大世面的乡民打死也不会相信，在他们心目中无比重要的房子问题，在上面人看来是那么琐碎，而且接待者的态度又掩饰了上面对这个问题的不屑。双方的沟通和了解，一开始就误入无意识的歧途，且都不知道对方的误解。只有了解到"房子大于性命"的概念，才有可能校正这种误解。而这种了解，靠民众或者靠官方都不可能实现，只能依赖局外人来研究。

企业家在现实挑战中的茫然，来自于对企业的不了解，包括对自己企业的"灯下黑"。即便是那些热衷于企业文化建设、本身就在从事企业文化工作的人，也有可能对文化现象背后的"无意识"不甚了了。所以，在社会变化面前，在新的挑战面前，只能依赖有意识的经验、智慧和直觉，依据可以统计的数据和可以计算的资源来决策，即便觉得这些依据仍然不足，他也只得一咬牙一跺脚就这么定了。不可能考虑无意识因素（能考虑到就不是无意识），顶多只是抱怨现在的不确定性在增加。

这种茫然，这种无意识，正是企业文化内核之所在。由此看来，企业文化尽管已经是老生常谈，但还是值得深究。

2. 基本假设是什么

很多书籍、论文都说到企业文化，其概念、定义极多。说到底，文化这个概念，是从人类学、社会学等相关学科引进到管理学的，所以，我们还是从文化人类学的鼻祖、英国的泰勒（Edward B. Tylor）说起。他在1871年出版的《原始文化》一书中，对文化给出了如下定义："文化，或文明，就其广泛的民族学意义来说，是包括全部的知识、信仰、艺术、道德、法律、风俗以及作为社会成员的人所掌握和接受的任何其他才能和习惯的复合体。"① 泰勒确定了文化研究的两大主题：一是诸多文化可以采用普遍原理进行研究；二是文化发展的每一阶段都是前一阶段

① 《原始文化》重译本，广西师范大学出版社2005年版，第1页。

的产物，并影响未来发展的进程。后来的文化研究者，一般都在泰勒的定义基础上加以发挥或者界定。尽管在学界对文化有广义、狭义的争论，但一般人都认为，文化的核心是相对稳定的价值观。研究组织文化的学者，也多以价值观的差异来区别不同的文化。

埃德加·沙因（Edgar H. Schein）比别的学者更进了一步，他也承认别的学者所论证的文化现象，如各种人为事物和价值观，但不同处在于，沙因提出了一个别的学者没有提到的更为核心的文化概念——基本假设。在沙因的文化概念中，企业文化分为三个层次：有形的、意识的、无意识的①。所谓有形的文化，是指各种人为事物（Artifacts），这是各个企业不同文化的初级层次，包括物品、技能、艺术、可视可听材料（如厂训、口号、文件等），这是精神的载体和符号，具有可观察性，人们一般通过这些人为事物来认知和理解企业的精神。所谓有意识的文化，是指价值观（Value），它强调的是“应该”而不是“实际”，这是研究企业文化的人最为重视的，是组织行为的准则。但是，价值观是显现的并且可验证的，企业的物质环境和社会口碑会时时验证企业的价值观，只有经过反复验证的价值观，才能构成企业的信念。所谓无意识的文化，是指基本假设（Basic Assumption），即支配企业行为的无形的、前意识的信条，这些信条当事人自己

① 见沙因《企业文化与领导》，中国友谊出版公司1989年版；另一译本为《组织文化与领导力》，其翻译略有不同，中国人民大学出版社2011年版。

意识不到，而是作为一种“理所当然”、不假思索、条件反射式的东西支配着当事人的思维和行为。沙因说：“总之，我认为无论在哪一层次上，‘文化’是指：由一些基本假设所构成的模式，这些假设是由某个团体在探索解决对外部环境的适应和内部的结合问题这一过程中所发现、创造和形成的。”

沙因在文化研究上的杰出贡献，就是注意到了基本假设层次并展开相应探索，这一点使他超越了其他学者。在一定意义上，沙因是管理学领域的弗洛伊德，他所进行的研究，其实质是对企业组织的精神分析；他要揭示的，是企业文化的无意识或者前意识。作为企业家，要真正了解自己的企业，只有进入基本假设层次，才可能深化认知，否则，了解到的往往只是皮相，还有可能把表象当本质。

由于基本假设是隐性的，所以当事人自己不会意识到。就像精神分析师不能对自己进行精神分析一样。在企业文化研究中，基本假设要靠局外人来发掘。由于各种原因，局外人所判定的基本假设，有可能当事人不会承认。更重要的是，由于揭示基本假设有可能会给当事人带来不适、困惑甚至痛苦，所以，对这种揭示，当事人极有可能会抗拒。

例如，我们通过各种教育，树立和培养了“劳动光荣”的理念，在显意识层次上，人人都赞扬劳动。如果说某人鄙视劳动，多会遭到该人的反驳。然而，“劳动教养”和“劳动改造”的存在，把劳动视为惩罚罪犯的手段，能够映射出人们对劳动的真实看法。真诚宣讲“劳动光荣”的人，无意识的内心却视劳动为苦役。即便是在具有基督教传统的西方，亚当被逐出伊甸园的隐喻，也能看出人们在无意识层次对待劳作的态度。

再如，现在有许多大学，在招聘人员时前提条件是获得博士学位，但同时要看第一学历。这在显意识层次是对学历和能力的重视，而在潜意识层次却充分反映出对博士学位的不屑甚至反感。它所传递的真实信息是，只有本科出自名校的人，质量才是可靠的。其前意识是：哪怕是名校（包括本校）的博士，其培养也掺了水；其无意识是：博士学位是为了满足官方要求的门槛设置，同能力水平无关。这样的推论，恐怕会遭到大学管理层的强烈反驳，因为他们内心拒绝这种推论。这就需要进行逻辑检验和行为检验，以确认基本假设的可信程度。

哲学家金岳霖，曾经对中国的两句俗语用逻辑打趣证谬，说："金钱如粪土""朋友值千金"，结论就是"朋友如粪土"。这种逻辑推论，正好可以揭示出那些口头声称"金钱如粪土"者，在潜意识层次对金钱的重视，如果真"如粪土"，他就不会这样强调了。

那么，中国企业的基本假设是什么？每个具体企业的基本假设是什么？弄清楚基本假设，在宏观上有助于转型和创新的战略与政策，在微观上有助于企业的变革与发展。

3. 如何发现基本假设

根据沙因的研究，要发现企业的基本假设，必须有中立的局外人介入。没有局外人的介入，企业内部人员的基本假设就始终停留在无意识阶段，同时，还必须有内部人的密切合作，没有内部人的合作，外部人对基本假设的发现就会无法验证。这种研究，需要满足局外人的两个条件：一是不管局外人的观点多么“伤人”，多么“难听”，当事人不得阻断局外人的研究和推理；二是企业对局外人不得设防，不得屏蔽信息。当然，对于“局外人”自身，也要有严格的限定，不但要求其具备相应的研究伦理，而且其研究目的必须是为了帮助研究对象，而不是为了自己的学术成就（这一点十分难，但非此不足以保证研究结论的可靠性）。当然，研究者会产生出相关的成果，但这种成果是“顺便”

的，自然而然的，而不是刻意追求的。正如杰出的科学家会获得诺贝尔奖，但他们当初的研究却不是冲着诺奖进行的那样。从中国的现实来看，要满足这些研究条件十分困难，几乎是可遇而不可求。所以，在中国出现沙因式学者及其成果的前景，依然十分渺茫。而正因其渺茫，才值得为此呼唤。

即便上述条件都具备，也不见得就能实现揭示基本假设的预期。除了不可预见的因素和不可抗力的干扰之外，还有研究方法和研究时间跨度的影响。研究者不但要有实证方法的功底，而且要有质性研究的智能；不但要对研究对象有能够界定稳定行为的时间跨度，而且要有扎根某一企业的探底式准备。

在满足上述条件的前提下，对基本假设的发掘，要从企业的文化标识开始。所谓文化标识，不是指那种校训、厂歌之类人为物品，也不是指规划、战略之类文字记载，这样说绝不是否定它们的重要性，在文化研究中，这些都是重要的，但它们只是门口的招牌。文化标识不仅是入门的向导，而且是行为准则的凝结。能够作为文化标识的东西，是具有稳定性的、而且能够在行为中得到验证的群体共识。例如，一个企业实施三年以上的奖励办法，有多年稳定性的招聘政策，保持了较长时间且能够得到管理层基本肯定的工作流程，已经形成惯例的客户服务，在产品更新换代周期内保持不变的质量控制措施，等等。再进一步深入和细化，还可以具体到高层会议的开法，采购的步骤和程序，危机情况下的应对习惯等。只要能反映出稳定行为的方方面面，都可以作为文化标识。确定文化标识的原则，是排除价值判断，仅仅考察其稳定性和持续性。如果受到价值判断的影响，就可能带上有色眼镜，把“不好”的习惯排除在文化标识之外。例如，随地吐痰可能是多数农民的习惯，且同其生活环境有密切关系，然而，当把随地吐痰定义为一种低级、落后、错误的行为时，它就难以作为农民生活的标识之一被选取。

文化标识是否准确，需要用群体行为来验证。只有同群体行为相符，才具有标识意义。这种验证主要依赖于局外人中立状态的观察，而不是简单的问卷或者稍微复杂一点的访谈。当然，问卷和访谈可以采用，但不能纯粹依赖它们。当群体行为基本确定后，需要进行内外比较。同企业外部的比较，是把企业作为一个整体，来发现该企业与其他企业、与社会各方在行为上有何不同，进而确定“这一个”的特殊文化。内部比较，是群体不同成员的比较，以确认行为准则的内部认同程度，发现内部价值观上的差异，找出“特立独行者”。

如果文化标识与群体行为相符，就可以认定有了具体的企业文化。尽管有些人不愿意承认，但事实上，“有企业，没文化”的情况是存在的，即企业中只有个体文化而没有形成有效的群体文化。认定了企业文化后，则需要把企业文化所遵循的价值观发掘出来，以群体行为来推论价值观，而不是仅仅看官方标榜。以中国的大学为例，如果只看校训和口号，没有人会怀疑它们是学术殿堂，然而，90 年代以来的持续改革，在行为上更多地偏向于企业管理的方法，教授上课要计算“工分”，院长越来越像“生产队长”，于是，“象牙塔”也就逐渐变成了“作业线”。对这种群体文化的确认，需要以多数行为做依据，以外部群体行为做参照，确认其价值观的内涵；还要用内部“特立独行者”“行为怪异者”的行为差异，来检验其价值观的共识程度和普及程度。

最关键的一步，是发现价值观背后的基本假设。这一步需要局外的研究者和局内的当事人通力合作。研究者的着眼点，是唤醒局内人的“遗忘”，找出组织行为的潜在逻辑（有点像精神分析法运用催眠术找出研究对象闭锁在大脑中的信息）。局内人的着眼点，是以自己的解释，弄清自己行为的真实意图，校正研究者的逻辑偏差。例如，沙因曾经在自己的研究中发现，有些公司不愿意雇佣 MBA，其理由是 MBA 缺乏扎实的技术知识，只追求个人成功而不关心组织发展。但沙因给出的逻辑解释是：这些不愿雇佣 MBA 的公司，其基本假设是“通用型”的一般管理知识可有可无，起码不是企业成败的关键。可以看出，研究者的逻辑推论，同当事人的逻辑解释，很有可能出现不一致，甚至有可能出现重大分歧。对此，需要在解除防卫心理的基础上进行多方论证，辨析各种逻辑解释的可能性大小，考察影响不同逻辑产生作用的环境条件，尤其是研究群体内部小众行为乃至个别行为的意义、“反叛者”的行为理由等等，才能保证基本假设的可靠性和说服力。

不妨设想，有这样一个公司：它有着引人入胜的使命表达和愿景描述，有很好的产品和一定的市场份额，尤其是在股市上有良好的表现，从内部管理来看，制度化、规范化程度较高，高层最关心的是各种数据指标，尤其是财务数据。员工在工作的舒适性和报酬的合理性之间，更看重合理的报酬。尽管公司高层表示，要力争基业常青。然而，从实际作为来看，更偏重短期行为。这样的公司，其内在假设到底是什么？是把公司看作赚钱的工具，还是看作实现使命的工具？这需要深入研究和分析，而不可贸然判断。在中国，尤其相对于转型时期而言，进行这样的研究具有现实意义。还可以对照考虑一下，某些公司，赢利高于一切，为了赢利可以放弃某些原则，领导人很可能对公司充满感情，但在逻辑上，他办公司是不是抱着养猪式的心理？农村老太太也可能对她饲养的肥猪充满感情，这并不违背她养猪卖钱的预设。对企业文化进行基本假设层次的研究，在当前的中国，是一项具有挑战性的课题。许多企业在现实的巨大变化面前手足无措难以应对，固然有外界的不确定性增加等因素，但最重要的，恐怕还是没有真正认识自己，更可怕的是自以为是，而自以为是往往会导致行为上的刚愎自用。

由此出发，我们就有可能对中国企业的文化，做出超越霍夫斯泰德（Geert Hofstede）的判断。霍夫斯泰德用五个不同维度来辨析文化差异，包括权力距离、集体主义－个人主义、阴柔气质－阳刚气质、不确定性规避、长期导向－短期导向①。但是，按照霍夫斯泰德的模型，只能对文化给出行为差别的解释，而无法看出不同价值观的作用，更谈不上对基本假设进行深入的分析。当我们用沙因的方式进入到中国企业文化的内核时，可以产生出新的认知，并为现实中的企业带来新的应对思路。

① 见《文化与组织：心理软件的力量》，中国人民大学出版社2010年版。

第九章

人文与科学对管理的影响

1. 人文与管理的隔阂

上世纪50年代，英国的C. P. 斯诺发表了《两种文化》的讲演①。作为财政部公务员和小说家的斯诺，敏锐地感受到科学文化与人文文化的隔阂，认为西方社会的智力生活已经分裂为两个极端集团：一极是文学家（狭义的知识分子），另一极是科学家（尤其是物理学家），二者之间存在着互不理解的鸿沟。小说家的东西，物理学家是不看的，而物理学家的东西，小说家看不懂。文学家认为科学家过于乐观、浅薄，缺乏人文底蕴；科学家认为文学家短视、反智，看不到科学给人类带来的光明前途。在文学

① 详见C. P. 斯诺《两种文化》，纪树立译，三联书店1994年版。

家眼里，科学家是文盲加上技术偏执；在科学家眼里，文学家是科盲加上杞人忧天。即便互相之间照顾到面子不说得那么决绝，也是一种指尖碰触一下帽沿的礼貌，而不可能形成敞开心扉的交流。两种文化的冲突已经严重影响到人类的发展。科幻小说《侏罗纪公园》作者是科学家，他对科学的反省使他转向文学家，并通过小说表达了对人文缺失、科学一枝独秀的担忧。

2. 对管理的推动

关于人文和科学两种文化的冲突，已经有不少人在进行研究。但是，从两种文化冲突角度来观察管理思想的发展演变，似乎还很少有人注意。如果我们把斯诺的看法移植到工业革命以来的管理领域，就会发现，管理思想的演变，正是在两种文化的张力推动下，或者说是在两种文化的互相牵制和矫正下，推动着管理理论的发展。

在工业社会之初，以自己的天才和良知来推动管理思想探索的，有两个非常杰出的人物。一个是英国的数学大师巴贝奇，他试图把各种数学方法用在刚刚兴起的机器工业生产管理中，写出了《论机器制造业的节约》。另一个是英国的空想社会主义者欧文，他在自己的纺织厂热心实验，用人道主义的关怀改进对工人的管理手段。由此，奠定了管理学发展的两条路线：一条是科学化路线，另一条是人文化路线。两条路线似乎根本没有相交，然而，在他们身后，我们会发现一个很有趣的现象：这两条路线在向未来的延展中，不管哪一条，只要单兵突进发展迅速，另一条就会产生一种矫正效应。表面上的不相交，却在事实上互相把对方拉到自己影响力所及的范围内。尽管二者的基本倾向是互相排斥对方，却正是因为排斥而产生引力，从而调整着管理学的发展方向。

古典管理学诞生之初，泰罗和法约尔可以称为管理理论的“双子星座”。工程师出身的泰罗高举科学的大旗，他的宗旨就是以科学取代经验，在他的努力下，企业管理从生产流程到组织结构，一切都要以科学为依据，一切都要服从科学，管理思想取得了划时代的进展。然而，同样是工程师出身却更重视经验归纳的法约尔，对管理的认识与泰罗截然不同。他以自己的高层体验和丰富的实践总结，特别重视管理中的人文因素。他所归纳出的五大管理要素和十四条管理原则，处处渗透着一种智慧的洞察。对于管理活动，他很少谈到科学派挂在嘴上的“最优”，而更强调“恰到好处”和“微妙”。正因为如此，有人认为泰罗和法约尔是完全不一样的。法约尔为了消除人们的误会，强调自己同泰罗并不对立，但是，他也承认他同泰罗的方法不一样，正是这种方法不一样，决定了法约尔同泰罗是“两股道上跑的车”。比较一下泰罗和法约尔对待数学的不同态度，就可以更清楚地看到两人的区别。泰罗推崇数量方法，他的标志就是秒表，他的拿手好戏是

“精确测定”；而法约尔不大提起数学，恰恰相反，在号召管理教育进大学课堂时，法约尔特别指出，大学里高等数学太多了，招生时对数学的强调过头了，“预备课也特别重视数学，而且预备课里几乎谈不到学习文学、历史与哲学”。法约尔甚至直截了当地说：“长期的个人经验使我懂得，高等数学对管理企业是没有用的，采矿工程师与冶金工程师几乎从来用不到它。我感到遗憾的是，我们的高等学校的学生被迫进行漫长无用的数学学习，而同时又有很多必要的东西应该学习却没有学习。”① 正是法约尔对数学方向的背离，才使得他所创立的管理学理论框架得以呈现出浓厚的人文色彩。

经济大危机冲击下，管理学经历了从古典向现代的演变。现代管理的领军人物是巴纳德，而巴纳德恰恰是一个知识结构上严重偏科的人物。他的语言天赋非常人能及，他的音乐才能足以安身立命，然而他的自然科学和数学知识严重缺乏，并因为缺乏科学学分而未能从哈佛毕业。在他统领贝尔公司期间，因为他那悲天悯人的人文关怀，对失业者的同情，对志愿活动的热爱，使他赢得了极大的社会声誉，领导公司从经济大萧条中走了出来，然而，他不重视利润，不关心财务数据。当其他电话公司都采用了自动交换机时，他还坚持人工接线，因为温柔的女中音要比冷冰冰的拨号音更好听。问题在于，接线员在经济危机中，会因为巴

① 《工业管理与一般管理》，周安华等译，中国社会科学出版社 1982 年版，第 93 页。

纳德不裁员的承诺而感动，但在经济正常后，却会因为工资过低而恼火。正因如此，巴纳德在管理的人本理念、协作本质等方面有着深刻的洞见，开创了现代管理学思想体系，然而在财务和赢利方面却十分薄弱。他自己说过："产业组织的目的不是利润……所有组织的客观目的都不是利润而是服务。""我过了相当长时间把经济理论和经济利益放在次要地位（虽然是不可缺少的）以后，我才开始了解组织或组织中人的行为。"① 这句话固然可以作为巴纳德把人本放在效率之上的证据，但同时也反映出他的软肋。对巴纳德的这种偏向，他的理论继承人西蒙进行了出色的矫正。西蒙在观念上完全接受了巴纳德的理论，而在方法上却彻底走向科学方面。西蒙自己认为，他并不是管理学家，而是科学家。正是数理领域的高深造诣，使西蒙成为计算机和人工智能专家，并获得了图灵奖。西蒙一直强调，社会科学要发展，就得追求自然科学式的严密性和精确性。西蒙对从法约尔到古立克那种"管理谚语"的批判，对"管理原则"的放弃，处处表现出自然科学式的努力。西蒙的这种努力，不动声色地矫正了巴纳德的理论方向。当日本学者占部都美等人断言"所谓现代管理学，就是巴纳德—西蒙理论"时，似乎没有意识到，他们二人，实际上也是互相矫正的。

当代管理学中，依然存在着科学与人文的冲突和矫正。名声

① 《经理人员的职能》，孙耀君等译，中国社会科学出版社 1997 年版，第 122 页注②；作者自序第 4 页。

极大的德鲁克，完全不用数学方式，甚至极少使用数据说明问题。在德鲁克的著作中，处处渗透着一种人文精神，却基本上没有类似于自然科学研究方法的影子。尽管德鲁克并不排斥科学，更不反对科学，但是，他对管理的界定，始终没有向自然科学靠拢的迹象，甚至社会科学常见的问卷调查之类手法，德鲁克也一概不用。他的所有观点，富有见地，却很难用科学方法“实证”。很多人都认为，学院派对德鲁克的排挤，是“有眼不识金镶玉”，讥之以忌妒心理和小肚鸡肠。但从学院派的角度看，如果对德鲁克的各种说法进行数学式的求证，确实有可能发现瑕疵。所以，学院派认为德鲁克不是学者而是“记者”，不仅仅是因为德鲁克来到新大陆时的身份是《金融时报》派出人员，而且很可能是因为他的文章风格非学术化。德鲁克对学院派不服气的地方，也不在于要争得一个学者头衔，而是要把自己的写作同新闻报道区别开来。所以德鲁克强调他是作家而不是记者。如果把德鲁克的著作同学院派的著作（如迈克尔·波特）相比较，就不难看出，德鲁克更偏向于人文，学院派更偏向于科学。然而，德鲁克的存在，对于学院派来说，未尝不是一件幸事。正是德鲁克（包括与德鲁克类似的一批人）的研究，时时在敲打着学院派，使他们不至于在数学模型的道路上走得过远，以致于同企业实践完全脱节。而学院派那些充满了公式和模型的论文专著，也反过来对德鲁克式的洞见进行着各种科学化检验，防止其偏离科学。

上述现象，勾勒了管理思想发展的大致轨迹，细究起来，就这一主题，可以进行十分具体的探究。例如，即便在泰罗的科学管理团队中，具有人文倾向而且对泰罗形成一定矫正的也大有人在。像泰罗的密友甘特，两人的合作中也经常争论，而其争论的焦点，往往与科学与人文两种倾向有关。同样是工程师出身，甘特更注意人的因素，泰罗则抱怨甘特的某些做法不够精确严密（如关于效率工资，泰罗的差别计件工资制力求精确，却难以实施，甘特的任务加奖金制不够严密，却便于推行。细论起来，在管理实践中的普及程度，反而是甘特的方法更实用更常见）。再如，西蒙的科学倾向是显而易见的，同西蒙合作的密友马奇，却更倾向于人文追求。在马奇同西蒙合作的《组织》一书中，几乎完全被西蒙的科学倾向同化，而在马奇自己的课程中，却偏爱用小说和电影作为教材，试图把管理教学和研究拉向人文一边。再具体一点，同样是研究组织学习的阿基里斯和圣吉，阿基里斯就立足于对组织学习给出逻辑和模型化解释，而圣吉则突出领悟和类似禅修的人文化操作。类似现象，在管理学界比比皆是。

毋庸讳言，在管理研究领域，直到今天，科学和人文缺乏对话，互不理解，甚至互相抵牾的现象依然存在，而且有时还相当严重。在中国，“文科傻妞”和“理科呆瓜”的戏称，不正是科学和人文对立的映射吗？尽管笔者很厌恶这种标签语言中的轻浮、浅薄和妄自尊大，但正是这种缺乏尊重和理解的语言，反映出斯诺所说的两种文化对立，在中国同样严重，甚至更严重。即便是十分严肃的学术性对话，那种认为人文研究“不是学问”，或者认为数理研究“没有价值”的偏见，也屡屡可见。重视这种对立，走出这种对立，是管理学发展的必由之路。

3. 从科学向人文回归

撇开具体研究，从整体看，管理学在发展走向上，当今恐怕以科学化为主流。如果我们把判断标准简化一下，以对待数学方法的态度为基准，不难看出，科学倾向的研究往往偏爱数学方法，而人文倾向的研究往往不用或者少用数学方法。近些年来的管理学研究成果，不用详细统计也可断言，数量化。模型化方法的比例越来越大（经济学比管理学这种倾向更严重）。但是，如果回顾管理思想的历史，也可以看出另一方面，即真正提出某种理论，得到学界的广泛引用，在实践中产生了巨大效应的研究成果，往往不是数理研究做出来的（或许只有赫茨伯格提出的双因素理论是个例外）。包括那些习惯使用数学方法的学者，也会感受到这一点。提出弱连带理论的格兰诺维特，面对越来越细密的量化分析，曾经很自信地说，对于他的研究，直观性的认知就已经足够。然而，影响巨大的麦格雷戈、马斯洛等人，却正因为其人文偏向的“不严谨”饱受科学派的质疑。因此，当从事管理实践的经理们都不看数理研究文章时，当模型建构已经变成学界自娱自乐的玩具时，呼吁管理学研究向人文的回归，通过人文研究追溯管理的意义，调整管理思想的发展方向，是具有重要意义的。

当今中国的管理理论界，在实证主义的研究方法支配下，大量管理学论文采用数据化、模型化方法建构理论，试图以类似于自然科学的方式提高论文的科学性。然而，这种量化游戏，极难取得类似实验室的可控条件，更难取得完全客观的可重复性，所以，对现实的指导作用相当可疑。企业家放弃对这种论文的阅读而转身从史书中寻求智慧，在一定程度上，就是以历史方法对实验方法的反弹。而德鲁克等人能够受到企业界的欢迎，在某种意义上正是其论著采用的非实证方法更切合认识社会的追求。

如果对两种文化的关系进行纵深研究，就可能会对管理理论的演进机制形成更深刻的认识。两种文化之间的张力不是管理学独有，而是普遍的社会现象。上世纪 20 年代的中国，曾经爆发过以张君劢和丁文江为代表的科玄之争，就是两种文化冲突在中国学界的表现。西方科学进入中国，是以《天演论》为标志的。之后到新文化运动，科学与民主成为启蒙大旗。吴稚晖在《科学周报》发刊词中讴歌科学，宣称一切学术都要受科学洗礼（包括哲学、美学、心理学、社会学）。“独立自尊的观念，未来的理想社会，都仗着它的造因。欧美各国的兴盛，除了科学，还能找出别的原动力吗？”1923年，张君劢发表《人生观》的讲演（载《清华周刊》第272期），强调科学不能解决人生观问题。丁文江则在《努力周报》上发表《玄学与科学》一文，批评张君劢为“玄学鬼”，强调“今日最大的责任与需要，是把科学方法应用到人生问题上去”。此后，以张君劢、张东荪为一派，以丁文江、胡适为另一派，梁启超试图居中调和，思想界的名流吴稚晖、林宰平、王星拱、唐钺、任叔永、孙伏园等均卷入了论争，陈独秀、邓中夏、瞿秋白等共产党人也积极介入，蔚成中国现代学术史的一大景观①。回观这一争论，对我们理解今天管理学中科学与人文的张力不无帮助。

在科玄之争中，张君劢认为科学的适用范围是有限的，无法用科学来解决人生观问题。理由是：第一，科学是客观的，人生观是主观的；第二，科学为论理的方法所支配，而人生观则起于直觉；第三，科学可以从分析方法下手，而人生观则为综合的；第四，科学为因果律所支配，而人生观则为自由意志的；第五，科学起于对象之相同现象，而人生观起于人格的单一性。由于在

① 1923年底，上海亚东图书馆出版了科学派的文集，名为《科学与人生观》，由陈独秀、胡适作序，收录了29篇文章。同时，上海泰东图书局出版了玄学派的文集，名为《人生观的论战》，由张君劢作序，也收录了29篇文章，二书篇目基本相同，差别仅仅是后者比前者多收屠孝实一文，少收王星拱一文，其余一样。可见，同样的文章，双方都未能说服对方，而且都觉得真理在握。所谓论战后科学派完全取胜的说法，来自后代的总结，而当事人却认为并未说透。读陈独秀和胡适序言，就可看出二人对讨论的看法。

生物、心理、社会、历史领域没有因果律，所以，不可能有科学的人生观。丁文江认为科学能够解决人生观问题。理由是：“科学是教育同修养最好的工具”。科学训练即人生观养成。梁启超则说：“人生问题，有大部分是可以而且必要用科学方法来解决的，有小部分——或者还是最重要的部分，是超科学的。”生活的原动力是情感，即爱和美，是超科学的。人生观不必统一。总体来看，玄学派的理论为自由意志论和心物二元论；科学派的理论为决定论和还原论。百年中西之争，科学与人文之争，在中国的政治中和社会上演化为共产主义和三民主义之争，其影响不可谓不深远。对科玄之争的研究，值得管理学中讨论两种文化参考。

第十章

解开管理与文化的“结”

1. 试说管理与文化的关系

管理学作为一门学科，到底是何时诞生，至今仍然众说纷纭。一般都认为，以泰罗创立科学管理为标志，管理学正式诞生。但是，仍有不少学者，在更古老的历史遗迹中寻找管理学的先声，有追溯到古埃及金字塔建造工程的，有追溯到汉谟拉比法典的，还有追溯到中国大一统王朝建立的，以及追溯到孔子、老子等先哲创立儒、道学说的。反过来，又有一些学者，认为泰罗甚至法约尔都不是管理学诞生的标志，现代管理学的真正诞生，应当从2005年去世的德鲁克算起。这种争论，在很大程度上属于对管理学诞生标志的判定标准差异，各持一端。

关于文化，学术界的讨论更为复杂，观点也更为多样。就连最基本的定义，即到底什么是文化，迄今争论极大。英国学者泰勒（E. B. Tylor）1871 年出版的《原始文化》，被学界公认为文化人类学开山之作，其中关于文化的定义为：“文化或文明，从较广的民族之意义上看，乃是一个复杂的整体，包括知识、信仰、艺术、道德、风俗以及包括作为社会成员的一分子所获得的一切能力与习惯”。这一定义被许多学者接受。但是，如果仔细追索，不难看出，即使对这一公认的定义，学者们各自的解释也存在明显差异，有的强调文化的人文属性，有的强调文化的制度属性，也有的强调文化的价值属性。这些不同侧重的背后，又会引出一大串不同的观点。这正如西谚所云：“一千个观众，就有一千个哈姆雷特。”

任何一个学科，争论都是正常的，没有争论，定于一尊，反而说明其生命力的丧失。有关管理的争论和有关文化的争论，对于两个学科（姑且把文化研究当作一个学科来看待）的发展，具有明显的积极作用。但是，由于管理学和文化研究的互相影响，互相渗透，这种争论又把两个领域纠缠到一起，使相关的学术讨论呈现出更为复杂的现象。对于这种纠缠，我们可借用一个术语——“结”（complex）来描述。

“结”（complex）是来自于拉丁语的一个词汇，含义多样，有编织、复杂、使……缠绕、关联交织等含义，比汉语中的“错综复杂”还要错综复杂。德国医生 Theodor Ziehen 用这个词来表达“情结”，经弗洛伊德、荣格发扬光大，使该词成为精神分析中使用极广的概念。笔者认为，借用这一词汇形容管理与文化的关系，十分贴切，有助于我们理顺管理与文化之间“剪不断，理还乱”的层层纠缠。讨论管理与文化的关系，如果不了解这个“结”，在管理学领域的许多争论只能是自说自话，无法沟通，更无法达成共识。

从泰罗开始，就有把管理学变为自然科学的倾向，而自然科学是没有文化特色的。当然，由于科学是人为的，所以科学也是一种文化。本文为了行文方便，暂不讨论科学的文化意义和文化表现，而只注重科学的自然普适性。在自然科学中，任何人都不会区分“中国物理学”和“美国物理学”。但是，现实的管理活动却有着明显的国家、民族、区域、人群等等不同特色。日本管理不同于美国，中国管理不同于俄国，这都属于常识性经验。管理学研究管理实践，势必会碰上所谓“特色”问题。究其原因，就是因为自然科学的对象没有文化属性，而管理活动明显具有文化属性。在中国古代，对这种区别，有一个简洁明确的概念——“天人之分”。天即自然，人即文化。所谓文化，在汉语中本来就泛指一切人为的东西。比如，人类创造的物就是“文物”，而自然形成的物就是“天物”。从物质到精神，只要是人为的，就进入了最广义的“文化”范围。有人把文化分为物质文化、制度文化、行为文化、精神文化等等，无非是对人为物的归类而已。

管理学研究管理，目的在于找出管理活动中的普遍性规律或趋势，尤其是寻找其中的因果关系、相关关系和概率分布，以求对同类问题做出有效的同类解释，进而采取有效的同类行为。从这一意义上讲，管理学不应该包含那种排斥普适性的特色化内容，一旦出现这种特色化，就失去了它的共性，特色化程度越高，共性的成分越少。即使有特殊性，作为科学的任务是在特殊性中发现普遍性，而不是停留在特殊性上。科学和经验的区别之一，就在于其普遍性的大小。管理学的科学程度高低，正是由它的普遍意义决定的。

但是，文化恰恰是特殊的。尽管有些文化的范围很广，比如我们常说的“华夏文化”，涵盖面极大，但作为一种文化，归根到底是由它与另类文化的区分表现出来的，假如没有区分，就不再是文化。“华夏文化”之所以成立，就是因为它同欧美文化不一样。管理活动必须考虑这种文化差别。否则，就有可能导致失败。对此，美国学者对日本与美国管理中的文化差异研究，如“Z 理论”，中国文化学者对中国文化差异形成的管理特色研究，如“中国式管理”，已经有了丰富的成果。管理活动本身是多种多样、丰富多彩的。以水作为比喻，管理学是要弄清楚水的物理化学性质以及利用水的方法，而管理活动则必须考虑水的“差别”——在撒哈拉沙漠和北美五大湖，水的重要性和价值是不一样的；在东南沿海和青藏高原，水的沸点是不一样的；在死海和墨西哥湾，水的盐分含量是不一样的。所以，管理必须对不同的“水”采取不同的对策，尽管水的理化性质相同。这样，文化与管理纽结到了一起，而且一旦打断这种纽结链，有效管理就不复存在，甚至出现副效。管理学家对文化的重视，除了个别出于猎奇以外，基本上是出于这一实用原因。

问题在于，这种纽结链又不能破坏管理的普适性。失去了普适性的管理学就不能再称为管理学。借用中国古代宋明理学的一句术语来表达，即“理一分殊”（这个概念是程颐创立、朱熹展开的）。其理则一，其分则殊，无殊不得显其理，无一不得用其殊。即“错综不失条绪，便是理”①。这个道理看起来简单无比，但正是在这一点上，管理学的研究（尤其是中国管理学界的研究）出现了众多偏差，其中最基本的有两个方面，即管理实践中的偏差和管理学理论上的偏差。

偏差之一：在管理实践中，把文化本身当作管理。文化会对管理产生巨大影响，甚至是决定性影响。学界有对所谓“文化决定论”的批评，实际上的分歧是由于文化含义的广狭程度不同造成的。如果排除了制度和行为因素的文化（即仅包括价值和习惯因素的文化），那么，文化在一定意义上是非决定性的。但是，如果突出文化的制度和行为因素，那么，文化决定论亦有一定的理由。管理尽管是人类的有意识活动，但管理所遵循的必须是某种普适性，即通常所说的原理。而文化并不具备这种普适性。这一点，又是人文学科和社会科学的区别根源。社会科学追求普适性，人文学科追求特殊性。所以，人文学科很少有所谓“原理”出现，即使有所谓的“原理”，也往往是一种非普适的概括而已。按照这一区分，文化哪怕对管理产生多么大的影响，都不可能等

---

① 《朱子语类》卷一《理气上》云：“伊川说得好，曰：‘理一分殊。’合天地万物而言，只是一个理。及在人，则又各自有一个理。”关于理和气的关系，朱子又云：“如阴阳五行错综不失条绪，便是理。若气不结聚时，理亦无所附著。”见中华书局1986年版，第2－3页。

于管理本身。而许多研究管理的学者，出于对文化巨大影响的考虑，往往把某种文化直接看作某种与该文化对应的管理，由此而产生了理论的某种混乱。

偏差之二：在管理学理论中，把带有文化色彩的管理经验当作普适性的管理原理。这一偏差正是源于上一偏差，在实践中把文化当作管理，按照逻辑则肯定会导致在理论上把文化积淀出来的管理经验当作管理学原理。由于经验来自于实践，而且经验总结往往是理论的重要来源，尤其在早期管理学中（以法约尔最为典型），经验对管理学原理的发现和推论有着无可替代的作用，所以，管理学研究中的经验性陈述往往占有很大比例，这种陈述本身被一些管理学家看作原理。对这一偏差，管理学在自身的发展过程中已经有理性的清理，具体可参见西蒙对管理过程理论的批评。

笔者认为，文化差异是管理学的研究对象，而不构成管理学本身。在学术上倡导所谓“越是民族的，就越是世界的”，正是把文化当作管理、把经验当作原理的错误推演。作为管理学的基本原理，必须排除文化的影响，力求其普适性，就像化学实验中的“分析纯”一样，一旦有杂质，必然导致实验结论的偏差，杂质超过一定数量，结论肯定不科学。但是，一旦把这种通过实验获得的原理用于现实生活，则必须考虑杂质的含量，甚至还要有意突出“杂质”。金属的燃烧原理必须进行单元素实验，而燃放烟花则要追求多种金属燃烧的混杂效果。所以，管理学的具体应用，不考虑文化因素则会失败。因此，研究管理的文化之“结”是有学术意义的。

2. 文化在管理中的作用

毫无疑问，文化在现实管理活动中具有巨大的作用。如果甲乙双方签订一个合同，哪怕合同内容同西方类似合同没有任何差别，但是其隐含的意义却大不相同。西方人签订了合同，首先会考虑的是从此明确了甲乙双方的权利义务，而中国人签订了合同，甲方却会拍着乙方的肩膀表示亲热说："从此咱们就是自己人了。"如果没有文化上的认同和默契，管理行为的效果就会大打折扣，甚至南辕北辙。

那么，文化对管理的作用究竟表现在哪儿？笔者认为，主要有以下方面：

1. 价值定位

任何管理活动，都离不开价值定位。在一定意义上，韦伯式官僚组织的价值中立，实际上也是一种价值定位，即效率优先的选择定位。泰罗主张的科学管理，以纯科学的方式排除价值干扰，表面上似乎是价值中立或无涉的，实质上也是把管理的价值定位在新教伦理提供的“上帝选民”准则上。价值定位的不同，会使管理出现重大差别。欧美的个人主义定位所形成的管理模式，拿到中国的差序格局定位所形成的组织系统中，尽管在表面上似乎没有冲突，但无形中的“别扭”十分明显。一个非常简单的事例就可以说明这种价值定位对管理的巨大影响：在欧美的公司中或政府中，其个人主义文化使追求效率的官僚组织自然而然地形成了大办公室布局，由于个人至上的文化积淀在他们那里几乎已经成为无意识的准则，所以，一般人的行为中都会表现出对他人行为自由和个人权利的尊重，大办公室运行基本不存在障碍。随着中国的改革开放，大办公室也进入了中国，这种组织布局设计，很可能在规范性、操作性以及业务流程等方面找不出任何瑕疵，然而，中国人的特殊文化背景，使这种大办公室往往有一段较长时期的不适应，人们说话的嗓门和联系的方式、互相之间的距离处理和行为耦合，总要经过不断的“磨合”才能慢慢变得正常。即使“磨合”结束，人们已经形成了不同于过去小办公室的新习惯，对多数人而言，这种习惯依然是“别扭”的，甚至会感到强烈的压抑。笔者甚至怀疑，中国白领的抑郁状态，同这种办公室布局可能是正相关的。如果能够在不同国度、不同文化氛围内，对大办公室布局的心理影响进行相应的调查比较和数据分析，有可能提供出不同文化对管理的影响数据。推而广之，不仅是办公室布局，一切管理举措，无不打上文化的烙印，无不由文化确定其价值取向。

2. 优先选择

管理者所面临的主要问题，是在价值冲突中进行优先选择。正是在这一意义上，西蒙以选择来界定决策，并提出“管理就是决策”的著名论断。关于文化对优先选择的影响，凭借一般常识就可以给出明确回答。有一则笑话，实际上反映的就是优先选择的文化差异。该笑话揶揄不同国度、不同文化背景下人们对幸福的不同理解和选择，称：美国人认为最幸福的时刻就是自己持有的股票在纽约交易所上涨最猛，而法国人认为最幸福的时刻就是同最好的情人共度浪漫之夜，俄国人认为最幸福的时刻则是在面临克格勃逮捕时发现他们搞错了抓捕对象，如此等等。尽管是笑话，却不无道理，而这个道理，是以文化差异为基础的。管理活动随时都会面对优先选择问题。在中国，考验人的一个著名难题，就是当妻子和母亲同时落水先救哪一位？这种伦理选择，正是来自于价值上的优先考虑。企业管理中，总会面临着扩张与风险、冒险与保守、创新与守成等等选择；政府管理中，优先安排太空开发还是优先安排社会保障，优先发展大型城市还是优先发展中小城镇，等等。这种例子举不胜举，但有一点是共同的，就是优先选择的考虑权重，文化因素占第一位。尽管当代有着众多的选择的理性方法甚至数量方法，却不可能彻底取代经验和直觉的选择方法，原因就在这里。而且即使采用了理性方法或数量方法，文化也会对其起支配作用，尤其是理性模式的因子筛选和功能界定，更要受文化的支配。用最常见的食物选择为例，即使是营养学家，掌握了食物选择的各种理性方法，但他在选择食物时，起决定作用的仍然是所处的文化环境和由文化养成的生活饮食习惯。面条和米饭的选择，首先考虑的肯定是饮食文化而非营养差异。

3. 惯习支配

按照西蒙的研究，人的行为可以分为两种模式，一是“犹豫—选择”模式，二是“刺激—反应”模式。“犹豫—选择”模式是一种看起来完美的理性模式，但是，现实管理中由于各种各样的条件限制，尤其是选择的成本问题，使这种模式的实用性不强，而“刺激—反应”模式的简单性和快速性，使其更为常见。因此，在管理中，绝大多数情况下，人们的行为是类似于条件反射的“刺激—反应”模式。当代管理学家明茨伯格，也用自己的研究证明了这一点。根据明茨伯格对经理人员的调查，现实中的经理很少有“深思熟虑”式的行为，大多是直觉式的快速行动，因而，高度理性的学理推演对管理实践没有多大帮助。经理人员的这种行为模式，与其说是受管理理论支配的，不如说是受习惯支配的，而这种习惯的形成，与文化密不可分。文化影响着人们的学习、记忆和行为，并通过文化的积淀养成习惯，建立不成文的甚至下意识的规则体系。经理的习惯，是相应的组织环境和文化氛围与经理主观追求交互作用的产物。对于这种经过学习养成的习惯，社会学家布迪厄强调其习得性质，创立了一个专用词汇——惯习，即通过学习形成的行为准则。毫无疑问，布迪厄所说的惯习，是由文化决定的。这种有意识的文化积淀，对于现实管理起着下意识的支配作用，形成现实的管理风格。

4. 思维方式

人类不同于动物的地方，在于意识对行为的支配作用。马克思所言最蹩脚的工匠比最灵巧的蜜蜂优越的地方就在头脑，是对这种意识支配行为的最好说明①。然而，工匠的思维，是所处的文化形成的。中国古代不乏能工巧匠，但最聪明的工匠，在中国古代的文化背景下，他可以苦思冥想殚精竭虑创作出精致的工艺品，却想不到蒸汽机的构思。他可以设计出庄严的龙椅，却设计不出舒适的沙发。文化限定了人们的思维范围，正如乾隆皇帝无法理解当时的尼德兰联省共和国竟然是一个没有国王的国家一样，相应的文化使乾隆压根儿想不到国家可以无国王。再进一步，文化还形成了相对固化的思维模式。例如，许多学者都以中国春秋战国时代的百家争鸣同希腊罗马时代的学术繁荣相提并论，然而二者的差别也是很明显的。赵纪彬对此有十分精到的总结，说：古希腊呈现出的是“智者气象”，而春秋战国呈现出的

① 马克思在《资本论》第三篇称：“蜜蜂建筑蜂房的本领使人间的许多建筑师感到惭愧。但是，最蹩脚的建筑师从一开始就比最灵巧的蜜蜂高明的地方，是他在用蜂蜡建筑蜂房以前，已经在自己的头脑中把它建成了。”见《马恩文集》第5卷第208页，人民出版社2009年版。恩格斯在《自然辩证法》中也强调：“人离开狭义的动物越远，就越是有意识的自己创造自己的历史。”见《马恩文集》第9卷第421页。

是“贤人作风”①。一语中的。所以，以希腊为源头的思维方式，是一种“逻各斯”的方式，而以春秋战国百家争鸣为源头的思维方式，是一种“比兴”的方式（比即类比，兴即抒发，是《诗经》的创作方法）。中国管理活动中的思维，往往依赖于类比和直觉。甚至包括笔者自己撰文，也以类比式推理居多。显然，这都受赐于文化。这种由文化所形成的思维方式，具有相当高的稳定性。中国古代一直没有严密的逻辑学，唐代“因明学”的引进也未能引起多大反响，直到近代严复翻译《穆勒名学》，才开始在中国建立西学的思维模式。这一过程，恰好说明中国文化的思维特色。而这种思维特色，对管理的作用是显而易见的。

正因为文化对管理有着上述作用，所以，研究管理必须研究文化，不研究文化的管理学，反而匪夷所思。重视文化对管理的作用，是管理学的题中应有之义。但是，管理学研究文化，不等于沉浸于文化差异中重构管理学的文化大厦，而需要从文化差异中研讨管理学普适性的不同表达。毋庸讳言，随着社会的发展，管理学大厦有可能出现革命性重构，就像物理学中爱因斯坦体系对牛顿体系的重构那样，但是，这种重构只会产生于管理学自身的发展，而绝不会产生在文化研究中。

---

① 见侯外庐主编《中国思想通史》第一卷第六章，人民出版社 1957年版。

3. 管理与文化关系的研究误区

解开管理与文化之“结”是一个庞大浩瀚的题目，一篇短文远远不及。不过，梳理二者之间的关系，使我们看清楚这个“结”是如何环绕并相扣的，弄清文化对管理的影响机理，还是有一定意义的。这对于我们如何研究管理文化，并进而观察我们在管理与文化关系上存在哪些问题，能够提供一种新的视角。当务之急，是梳理这一研究中的某些失误和偏差。

笔者认为，目前国内关于管理与文化的关系研究，尤其是管理文化研究，存在着以下误区：

第一，管理学基础不足，导致管理文化研究缺乏必要的平台。这种误区尤其在非管理学科的研究者身上比较多见，特别是从历史、文化、文学等领域以“多学科综合研究”的姿态介入管理学的学者，极易进入这一误区①。多学科研究确实是取得学术突破的一个重要途径，然而，这种突破必须建立在多学科的知识平衡上。如果只精通管理学之外一个学科，那么对于管理学而言，研究者还处于外行状态。这种所谓的多学科研究，实际上往往是把相关学科的知识体系和认知方法向管理学的生搬硬套。最常见的失误，就是并不具备管理学的基本知识积淀，没有管理学的基本训练，甚至连泰罗、法约尔、巴纳德、德鲁克这些管理学史上里程碑式的人物和理论都不大清楚，一知半解，抓住其中的某个观点甚至是自己曲解了的观点，用历史和文化知识来抨击。常见的如动辄说西方的管理学建立在经济人基础上，而对社会人以及其他更多的人性假设观点视而不见，仅仅依据一知半解的经济人概念就竖立起一个批评的靶子，然后用文化领域的知识来创建人本化或人性化的“新管理学”。或者说西方的管理学是分析型的，而东方的某种文化是综合型的，可以使西方的管理学产生本质的变化云云。这样的“创新”，稍加观察，就会发现所谓的“新”没有任何学术上的实质价值。如对泰罗制振振有词的批评，很有可能连梅奥解释霍桑实验的水平都尚未达到；沾沾自喜提出的所谓整体论管理观，很有可能超不出卡斯特系统管理学派的见解。

---

① 除从人文领域介入管理学研究外，从自然科学诸学科介入管理学的也不少，但这种介入多是在技术层面，而不在文化层面，与本文无关，有兴趣者可另行探讨。实际上，管理学的数学化和模型化即与这种介入有关，而模型化和数理化对管理学发展的作用也需要商榷。

第二，立足于文化式的经验总结，简单比附。这种所谓研究，实际上是把管理学拉回到前泰罗的经验水平。文化研究特别注重案例，人类学的基本方法之一就是田野调查，历史学必须建立在经验总结基础上。在对管理学的文化探讨中，这种例证式的研究影响较大，甚至对管理学本身倡导的案例研究也有影响。这类研究，往往有比兴，无逻辑，以个案来挑战管理学的相关理论。管理学的建立和发展，恰恰是以科学的逻辑体系为依据的，离开了逻辑上的严密性，管理学也难以成为“学”。如果仅仅是把管理学变为“故事”，对这一学科的发展不见得有用却也无害，但令人忧虑的是，这种研究的等而下之者，还会把管理学原理搁置不顾，同时又把文化中的价值准则搁置不顾，只突出文化中的技巧和权术因素。这样的管理学文化研究，已经开始走向“厚黑学”或“权谋学”。

第三，试图用“天人合一”的传统思想，对管理学进行体系上的改造。在中国古代的文献典籍和思想传承中，“天人合一”与“天人相分”都具有一定的影响。所谓“天人合一”，在学术上具有把人文特色和自然规律融合一体的倾向（如老子）；所谓“天人相分”，在学术上具有界定人为领域和自然领域明确边界的意图（如荀子）。无论是历史上还是现实中，天人之间的融合在思想领域存在很大的困难，即使在现有的科学体系和人文体系中也是难以实现的。20 世纪世界范围的“两种文化”之争，中国范围的“科学和玄学”之争，都反映出现有科学体系和现有人文体系在这一方面的某种不兼容。表面上看，这种争论似乎是追求融合，但实质上的问题，在于一方总是试图“吃掉”另一方（即用自己的准则替代对方的准则，这种融合不是真正的融合，而是斗争）。中国20世纪的科玄之争以及儒学与西学之争，在这一点上格外明显。科学要支配人生观，西学要“化掉”中学（即全盘西化），而玄学要强调自由意志，新儒学更要拯救西方的科学之弊。在这种争论的背景下，建立在文化研究基础上的某些管理学讨论，同样表达出这种趋势。如所谓的“中国式管理”，究其实质，是要用文化概念替代管理学的一般原理，管理和文化的“理一分殊”，“分殊”表达出来了，但“理一”悄悄地挪移到了伦理准则上。由此产生了一个不可回避的问题，“中国式管理”，究竟是管理学的分支还是伦理学的分支？所谓的“东方管理学”也有类似的问题，“东方”和“西方”在管理学的基本原理上能否一致？如果一致，“东方”何以立足？如果不一致，“管理学”何以称学？

第四，文化影响着管理学的发展侧重。不同国家或地区，由于存在文化差异，所面临的管理问题不一样，势必会导致其管理学的发展有所侧重，甚至有些管理理论，在发源地被忽视以至“遗忘”，而在别的地方生根开花结果。例如戴明的质量管理，当时在美国没有引起重视，而在日本得到充分实现。有“管理学先知”之称的福莱特，其合作思想被个人主义至上的美国人忽视，而在劳工集团发达的英国得以实践，在重视团队的日本更为发扬光大。管理学传到中国，也产生了一定的变异，被中国所接受的主要是以法约尔为代表的管理过程理论和以德鲁克为代表的务实倾向。这种侧重的不同，不完全是缺陷，而是管理学克服移植过程中排异反应的必须阶段。在一定意义上，这种差异才是管理学真正的特色所在，而这种特色，不以排斥管理学的普适性为前提。文化研究在这一领域大有可为。

总之，管理与文化构成一个普适性和特殊性之“结”，这种“结”引发了管理学研究的实践与理论偏差。不研究文化，管理学无以发展，然而，正是管理与文化之“结”，在中国导致管理学出现了一定问题。相应的偏差和误区，已经在一定程度上使管理学离开了它的学术之基。管理学中的文化研究，需要回归管理学的普适性。

第十一章
技术与管理的互动

1. 瓦特和博尔顿

有人说，人类的历史，就是一部技术发展史，这话确实有它的道理。从最宏观的视角看，人类发展到现在，有五次技术革命之说。到底哪些技术发明代表了革命性的进步，学界各有各的说法，但无可置疑的是，正是技术的进步，带动着人类的进步。而技术进步和管理进步之间，又有着解不开理不清的复杂关系。

打开厄威克的《管理备要》（孙耀君等译，中国社会科学出版社 1994 年版），在 70 位管理先驱中，排在第一的就是詹姆士·小瓦特和马修·博尔顿。这个小瓦特的父亲，就是大名鼎鼎的蒸汽机专利拥有者老瓦特。老博尔顿建立了索霍工厂（Soho Manufactory），加工金属工艺品。出于对动力的需要，他结识了老瓦特，而老瓦特也十分喜欢索霍工厂能够支持蒸汽机技术的发展和应用。瓦特因为有了博尔顿，免除了自己的债务之忧；博尔顿则倾尽自己的财力，使瓦特的蒸汽机梦想变为现实。两人成为合伙人，这两位是工业革命时期技术合作的典范。博尔顿游说国会，成功延长瓦特的专利技术至1799年，1794年，博尔顿和瓦特父子公司成立，1796年新开业的索霍铸造厂，以制造享有专利权的全套蒸汽机零件为主业。老一代放手让年轻一代经营这个新厂，小瓦特负责生产，小博尔顿负责销售。

1800年，老瓦特和老博尔顿退休。作为“富二代”的小瓦特和小博尔顿，面临专利技术已经过期、企业如何生存发展的抉择。他们开始“向管理要效益”。按照厄威克的说法，“1795年以后，博尔顿和瓦特公司设在伯明翰附近的索霍铸造厂已最早显示出实践中的科学管理的迹象”，“这种令人惊异的‘工业组织中的早期实验’，不是发明蒸汽机的先驱者马修·博尔顿和詹姆士·瓦特这两个创建人的成就，而是他们的儿子马修·鲁滨逊·博尔顿和詹姆士·小瓦特的成就。”

后来的研究者对索霍工厂的早期科学管理进行了总结。他们发现，正是蒸汽机技术的应用，推动着工厂管理的革命性变革。在索霍工厂的二代时期，管理上的变化，包括了市场调研和预测、厂址的选择和决策、流程设计和机器布局、生产计划、生产工艺的标准化管理、机器的作业标准制定和管理、统计和成本核算、职工培训、工作研究以及以工作研究为基础的薪酬制度、职工福利制度、经理人培训制度等等。总之，“当时在索霍工厂自觉运用了管理技术，虽然其规模较小，但其系统性却不亚于现代的公司”。所以，厄威克才把小瓦特和小博尔顿这两位排列在管理先驱者的首位，而且给予了极高的评价。并引用他人的话说："事实上，当代最先进的工厂措施中，没有任何一项是这两位人物没有预见到的。不论是泰罗、福特或当代其他任何专家所计划的任何事，没有一项不能在1805年以前的索霍厂的措施中发现；而且，索霍厂的成本核算制度较当代许多成功的公司所采用的制度更为优越。因此，这个早期工厂虽然在制造工艺技术方面极为优越，但其技术方面并没有超过其管理组织方面的成就。”

2. 技术对管理的影响

从今天的眼光来看，老瓦特和老博尔顿，主要依赖技术创新。而小瓦特和小博尔顿，则主要依赖管理创新。或许，这种管理创新，正是在专利即将过期、技术优势不复存在的压力下才得以实现的。但无可否认的是，没有蒸汽机技术铺垫，所谓管理创新就没有土壤。套用钱德勒“战略决定结构”的名言，可以把它变化为：技术引领管理。

然而，对技术与管理的关系进行这样一种简单定位，未免过于浅薄。按照制度经济学派的论证，尤其是道格拉斯·诺斯的论证，技术进步的背后，还有更为本质的因素。在关于西方经济史的研究中，诺斯提出了一个很重要的思路，就是跳出技术决定论的窠臼，看看是什么在支配着技术①。人们一般认为，技术的变革引发了生产的变革，生产的变革引发了社会的变革。从时序上看，这种说法是没有问题的。然而，这种说法回答不了从另一个角度的质问——为什么许多技术会失传？为什么有些先进的技术没有带来人们期望中的社会变革？在古老的中国，人们会对考古发现的许多精美文物赞叹不已，即便是秦俑陪葬品中一个毫不起眼的箭簇，其抛物线外缘的箭头形状，也会让今人疑惑当时采用的制造技术怎能如此先进？但是，如此先进的技术，却未能得到传承和发展。还有，中国发明了印刷术，然而真正把印刷术用于工业化生产，却是古腾堡实现的。技术发明能不能出现，有了发明能不能应用，应用以后会不会失传，诸如此类的问题，统统不是技术本身所能决定的。正是这种普遍性疑问，使诺斯把眼光放在制度上，尤其是所有权和财产关系上，强调是产权性质、交易成本、公共政策和制度等因素决定着技术的地位和用途。用通俗的话来说，英国和尼德兰的工业革命，不是技术革命，而是产权和制度革命。而一旦涉及到产权安排、制度变化，管理就是绕不过去的坎。产权和制度问题，本质上是广义的管理问题，“有效率的经济组织”是西方兴起的原因所在。

把诺斯的结论推广的其他领域，也能看到类似现象。即便是战争领域，技术也具有相对性。根据埃默森等人的研究，普法战

---

① 诺斯、托马斯：《西方世界的兴起》，厉以平、蔡磊译，华夏出版社 1999 年版。

争之前，法国军队是欧洲最强大的，普鲁士的军队几乎没有大规模作战的经验，而法军在意大利、北非等战场上有着战争经验的积累。单纯从武器来看，最主要的武器是步枪，普军配备的德雷泽步枪（Dreyse needle gun）远远比不上法军配备的夏塞波后膛枪（Chassepot rifle），无论是射程还是杀伤力都差了许多（当然，也有人认为当时法军装备的夏塞波后膛枪数量不足，但根据历史数据，当时法国生产该枪已达上百万枝，所以这种说法缺乏根据）。普军的装备优势，仅仅表现在克虏伯大炮上。学者普遍认为，普法战争中法军的失败，不是败在武器装备上，而是败在战略与指挥上。普军取胜的奥秘，是毛奇建立的参谋本部制，以及良好的计划和训练。正是普法战争的启示，使科学管理时代的埃默森写出了《十二条效率原则》。

反过来，强调管理的地位，又不能排除技术对管理的影响。早期工厂取代作坊，一个很重要的原因就是动力变化。正因为蒸汽机替代了畜力和人力，而一台蒸汽机需要带动多台工作机，所以要建立车间。正因为车间的蒸汽机一开动，所有工作机都得干活，所以才需要统一上下班。工厂制度的形成，同机械化技术紧密关联。工厂体系的变化，又同蒸汽机、内燃机、电动机的变化紧紧伴随。假如没有电脑和网络，很难想象会有弹性工作日的安排。

3. 技术与管理的互动

从技术与管理的互动关系看，工业革命以来，蒸汽机的使用，催生了大工厂。而大工厂的效率追求，诞生了科学管理。电力革命以来，工业化国家的产业结构发生了重大变化，技术密集型产业快速发展，诞生了事业部制和分权管理的新型模式。计算机和信息技术革命以来，诞生了知识管理的相关探索，不但科层组织受到挑战，即便是创新性更强的矩阵组织也受到挑战。管理实践的变化与技术的变化互相渗透，管理理论的研究同管理实践的变化遥相呼应。所以，讨论技术与管理谁起决定作用，很有可能陷入“先有蛋还是先有鸡”的误区，从二者的互动关系来掌握可能更为恰当。

在管理与技术互动的过程中，还有一个很重要的方面，即生产技术的创新与管理技术的创新并行。从整体上看，技术变革往往首先诞生于生产领域，然而，随着生产领域的技术变化，管理方法与技术也会产生变化。一旦生产领域发生了技术革命，管理必须随之转型。迄今关于管理是否发生过革命，相关研究还很少，仅仅是钱德勒针对美国的大工业发展历程，提出了管理革命（或者叫作经理革命）形成了美国的“经理资本主义”这一观点。至于信息技术革命对管理的冲击所带来的革命性影响，至今有影响的研究还不多见。如果梳理技术革命与管理变革的关系，我们不难发现，在技术革命后，管理的重大变革几乎是必然的。而管理学界经常出现的所谓革命性理论，如果没有技术革命垫底，这种所谓管理革命往往底气不足。例如，曾经风靡一时的流程再造，尽管在企业经营中收到了一定的效果，但多数再造的实施并不理想，距流程再造的创始人哈默和钱皮的承诺差之甚远，致使流程再造变成了运动式的昙花一现。究其原因，恐怕与其“彻底变革”的愿望，与没有彻底变革的生产技术来托底有关。我们不妨提出这样一种判断：某一管理理论，究竟是时尚性质的过客，还是革命性质的转型，取决于其有没有技术支撑。当今管理学界有不少人研究管理范式的变化，如果从技术变革与管理变革的互动角度来观察，可能会形成新的认知。而库恩当年在科学史研究中提出范式概念，恰恰是以科学中的革命为立论基础的。假如企业运营中没有出现技术革命，那么，管理学也只能是库恩所说的“常规科学”；一旦出现了技术革命，那么，管理转型也就在所必然。更进一步，从管理创新和技术创新的关系上，可以对克里斯滕森提出的“破坏性创新”和“维持性创新”有更深刻的理解。

但是，管理变化是否可以引发技术革命，也是值得研究的一个课题。当人们说“转型”时，突出了管理变化对技术变化的追随。但当人们说“革命”时，则突出的是制度变化对技术变化的引领。而制度变化是由管理决定的。这方面，制度经济学的研究可以为管理学提供一个参照。然而，管理学界这种研究尚不多见，有待于人们向纵深发掘。互联网的兴起，在某种意义上，实际是由美国的战略管理引发的（具体来说，最初的互联网，是美国国防部为了实现核战争条件下的通讯，于 1969 年资助建立的 ARPANET 网络开始的），发展到今日，已经给世界带来了深刻变化。都是管理变化，流程再造多数以失败告终，而美国国防部的一个战略设想（分组交换试验网）却诞生了改变全球的互联网。现在来看，哈默和钱皮两位学者的精心构思，在管理实践中连续受挫，而五角大楼的一个计划，起到了引领技术革命的作用，这对于今天的管理研究，无疑能够形成新的启示。

第十二章

一流管理学家是怎样炼成的

进入工业社会后，管理学随即诞生并日益成为一门显学。一批著名学者和经理人投入对管理的研究，他们试图揭示企业和社会运行的奥秘，找出企业家与经理人的区别，探究如何使这个世界变得更好。经过几代人的努力，管理学蔚然大观，日益渗透进我们的工作和生活。了解管理知识，掌握管理技能，已经成为人类安身立命的看家本领。

一流管理学家似乎离我们很远，这不仅仅是因为他们多在发达国家，而且是因为他们名头极大，成就耀眼。他们或者叱咤风云，运筹帷幄，改变企业命运；或者潜身书斋，构建理论，掀起学术浪潮。不深入细究，常人往往会觉得一流管理学家可望而不可及，但如果走到他们近处仔细观察，看看他们是如何获得声望、做出成就的，就不难发现，他们也是常人，也有同我们类似的喜怒哀乐。常人走过的弯路，他们同样会走；常人遇到的挫折，他们同样会遇到。他们与我们的区别，并没有人们想象得那么大，很可能只有些许不同。有些管理思想贡献，看起来是那么简单，但却在管理实践中产生了那么大的效应，仿佛一流管理学家得到了时代的特别垂青，冥冥之中运气极好。总体来看，没有工业社会的大势，就没有泰罗、法约尔；没有经济危机下的社会巨变，就没有巴纳德、西蒙；没有向后工业社会的发展，就没有明茨伯格、德鲁克。在他们身上，充分反映出“时势造英雄”的古训。正如恩格斯在《致瓦·博尔吉乌斯》的信中所言：“社会一旦有技术上的需要，这种需要就会比十所大学更能把科学推向前进。”“假如没有拿破仑这个人，他的角色就会由另一个人来扮演。这一点可以由下面的事实来证明：每当需要有这样一个人的时候，他就会出现，如恺撒、奥古斯都、克伦威尔等等。”（《马克思恩格斯选集》第 4 卷，人民出版社 1995 年版，第 732，733 页）然而，幸运的苹果为何偏偏砸中这些人？运气之外，还需要什么才能成为一流管理学家？这才是更重要的。

“时势造英雄”的另一面是“英雄造时势”，这二者并不矛盾。不是英雄，只靠时势，总想着“好风凭借力，送我上青云”，很有可能被风吹进沟壑。一流管理学家，靠的是自己的积淀和努力，把自己由常人变成英雄。当历史发展的大势需要拿破仑时，没有拿破仑也会推出另一个拿破仑，但当拿破仑被推上历史舞台却驾驭不了局势时，他被历史淘汰得更快。

管理学的使命，对于人才训练而言，就是要在常人中训练出英雄，在大众中筛选出天才。科学管理的开拓者泰罗，坚决反对"工业界的领导是天生的，并非人造的"这种流行观念。他创立科学管理的用意，就是以科学化的管理超越天生奇才的领袖。他满怀信心地指出："我们将来会认识到，我们的领导者必须是培养成的——就像天生胜任的一样，而且，任何一个伟大人物（在老的人事管理体制下的）都不能和一批经过适当组织而能有效地协作的普通人们去竞一日之短长。"

我们就以泰罗的断言为引子，看看一流管理学家是怎样炼成的。

1. 科学管理之父泰罗

凡是研究管理学的人，都无法绕开泰罗。19 世纪末 20 世纪初，在管理学的创立时期，伴随着机器化大工业的飞速发展，泰罗给世人竖起了一座丰碑。如果说，研究经济学必须从斯密开始，那么，研究管理学就必须从泰罗开始。

泰罗出身律师家庭，他上过哈佛法学院，但中途退学；家人希望他继承父业，他却从最基层的车间学徒起步。他最大的特点是凡事都要刨根问底，就连业余打高尔夫，也要找出最好的击球方法。绑个鞋带，还要测算哪种系法速度更快。后来在工作中整天拿着秒表测算工作时间，设计动作和流程，被人送了个雅号“秒表骑士”。他追求尽善尽美，相信理性的力量，尊奉新教伦理，成就了他的管理研究事业。他的管理思想，诞生于米德维尔和伯利恒两个钢铁公司。泰罗的管理学是一种现场管理学，所以，泰罗认为在大学是学不到管理学的（尽管他经不住朋友的软缠硬磨，到哈佛做过讲座，但并没有改变他管理学需要现场研究的信念）。

泰罗研究管理，是从司空见惯的“磨洋工”入手的。然后，他一步一步推论，看怎样才能合理配置资源，如何提高劳动生产率，最终形成了一整套系统的管理理论。泰罗的学说，大体可以分为三个层次：一是生产管理，二是组织体系，三是思想革命。三个层次属于逻辑递进关系。

在生产管理层次，核心是以科学取代经验。泰罗认为，过去凭借经验的管理方法有较大局限，谁干得越多，越给谁加码，“鞭打快牛”，损害高效者的利益。于是，他从工时研究入手（吉尔布雷斯称为动作分析），用科学方法设计动作，控制工时，确定定额。工时研究最有名的事例，就是把搬运生铁的定额由12.5吨提升到47吨。其关键不是加大劳动强度，而是用科学的方法合理安排工作程序，减少不必要的体力消耗，省略多余的动作，节约工人的劳动，降低生产成本。为了完成科学的定额，就要对工人进行职业训练，从岗位选择到操作流程，从身体动作到行为习惯，通过科学训练替代过去的师傅带徒弟式经验传授，打造“一流工人”队伍。同时，工作条件、工具、原料、环境一概实现标准化。为了保证高效率者高报酬，泰罗设计出差别计件工资制，甘特设计出任务加奖金制（类似于今天的基本工资加绩效工资）。另外，在公司财务中推行成本会计法，以整体掌控效率。

在组织体系层次，核心是管理的专业化。泰罗拿老式工头开刀，要求他们必须学会科学管理方可继续上岗。工厂管理的所有事务和技术安排，由新设立的计划室负责，员工只管执行。他特别强调，管理人员不是非生产者，在创造价值中，所谓“非生产人员”即脑力劳动者，要比体力劳动者的作用更大。由于管理是一门科学，所以，股东不见得懂管理，应该实现所有者和经营者的分离，以专家取代工头，以经理人取代工厂主。在管理者内部，进一步实现专业化分工，与这种分工相匹配的组织形式为职能工长制。所谓职能工长制，就是按照不同职能分设管理岗位，每个岗位面对单一性事务，做到可以像管理生产者一样管理管理者。在职能分工的基础上，针对企业规模的迅速扩张，泰罗还提出分权性的“例外原则”，即实现管理的层级分工，每个层次处理好分内事务，遇到例外情况向上请示，每个层次只处理下一层次的例外事务。职能工长制加例外原则，形成直线—职能制组织模式。

思想革命是泰罗最强调的，他指出，离开了思想革命，科学管理就不复存在。所谓思想革命，即观念上的彻底转换，其核心是以合作取代对抗，协力使生活更美好。泰罗认为，管理追求效率与人性是一致的，符合人的理性，提高效率就能有效提高工人福利。推行科学管理，必须使人们认识到，管理者与工人之间的关系不是对立关系而是合作关系，没有合作双赢，也就没有科学管理。

泰罗的管理思想，对美国产生了重大影响，20 世纪前期美国的经济发展，得益于科学管理的方面极多，柯立芝繁荣就是明证。在世界范围，泰罗思想也得到广泛传播。就连中国，也在1916年翻译出版了泰罗的《科学管理原理》（穆耦初翻译，当时的译名为《工厂适用学理管理法》），到30年代出版了7版。苏联的计划经济，也是在泰罗思想指导下设计的。

当然，泰罗也有局限，他的局限主要表现为对完全理性的追求，对绝对最优的向往。但有一点必须说明，当我们谈到历史局限性时，必须对这种局限性有一个合乎当时情境的认知和判断。我们应当看到，正是完全理性和绝对最优的局限，成就了泰罗的伟大。如果不是像泰罗那样坚信理性并孜孜不倦地推进企业经营中的理性分析，坚信这个世界有最优而且能够找到这种最优，就不可能创立科学管理。

2. 欧洲的绅士法约尔

法约尔和泰罗，是管理学诞生时期的双子星座。他们两个人刚好形成一种互补关系。在经历上，泰罗从学徒干起，而法约尔起手就在公司高层；在视野上，泰罗重视微观，尤其看重细节，法约尔重视宏观，尤其看重大势；在思路上，泰罗要以科学取代经验，而法约尔则以经验构建理论；泰罗的管理学在车间，而法约尔的管理学要进入大学课堂。就连对待数学的态度，两人也形成鲜明对照，泰罗特别推崇用数学方式解决管理问题，而法约尔认为数学没有多大用处，呼吁法国高校压缩高等数学增添管理教育。他们二人殊途而同归，共享着创立管理学的荣誉。

法约尔毕业于圣艾蒂安矿业学院，作为采矿工程师进入法国的科芒特里煤矿，25 岁时就当上矿长，后来一直做到科芒特里—

福尚堡矿业公司总经理，在77岁退休。50年的管理经验，30年的总经理砥砺，使他成为一名管理哲人。他通过自己的切身体会，提出了一个重要观点："对一个企业而言，一个管理能力不错而技术上平庸的领导人一般要比一个技术上出色而管理能力平庸的领导人要有价值得多。"在这一观点的引下，法约尔梳理自己经营中的经验，把它体系化，形成了《工业管理与一般管理》一书。这本没有完成（原计划写四篇，实际发表只有两篇）、篇幅不大（汉译本只有不到10万字）的小书，却成为日后管理学的里程碑，标志着一般管理理论的诞生。

从学术角度看，法约尔最擅长的是经验归纳。按照法约尔的归纳，企业的所有活动，可以概括为六种：一是技术活动（包括生产、制造、加工等）；二是商业活动（包括购买、销售、交换等）；三是财务活动（筹集和利用资本）；四是安全活动（保护财产和人员）；五是会计活动（包括各种核算、统计等）；六是管理活动（包括计划、组织、指挥、协调和控制）。管理活动在这六种活动中占据核心地位。

法约尔对管理的概括，表面上平淡无奇。在总体上，法约尔认为管理具有普遍性，能够形成一套独特的知识和完整的理论，可以在大学中得到传授。没有管理经验的学生，读法约尔的书会觉得清淡如水，白描如素，如同雷恩在《管理思想史》中所言："法约尔的成果很容易被人低估。他的观点和术语在现代管理文献中是如此普通和平凡，以至于人们往往把它们视为理所当然的内容。"但是，当你被管理中的实际问题困扰，当你被现实中的庞杂事务缠身，再来读法约尔，则会被他的睿智和洞见所征服。

法约尔的基本思想，立足于管理知识的系统性。他认为，可以从回答管理是什么和管理者应该怎么做这两个问题入手，构建一个全面的知识体系。对前者的回答，使他提出了五大管理要素；对后者的回答，使他提出了十四条管理原则。五大要素包括计划、组织、指挥、协调、控制；十四条管理原则包括劳动分工、权力与责任、纪律、统一命令、统一指挥、个人利益服从集体利益、人员的报酬、集中、等级制度、秩序、公平、人员的稳定、首创精神、人员的团结。后人对这些要素和原则不断调整，整合为管理职能。尽管在管理职能上依然存在着见仁见智的不同观点，但是，这一体系至今是管理学教材的主流。

以法约尔偏爱的“原则”一词而言，他特别告诫人们，不要把原则看作教条。他说：“我更喜欢用原则这个词，但应使它摆脱死板的概念。在管理方面，没有什么死板和绝对的东西，这里全部是尺度问题。我们在同样的条件下，几乎从不两次使用同一原则，因为应当注意到各种情况的变化，同样还要注意到人的不同和其他许多可变的因素。”如何运用原则，必须具有智慧、经验、判断力和分寸感。“没有原则，人们就处于黑暗和混乱之中，没有经验与尺度，即使有最好的原则，人们将仍处于困惑不安之中。原则是灯塔，它能使人辨明方向，它只为那些知道通往自己目的道路的人所利用。”人们称管理既是科学又是艺术，正是法约尔确立的基调。

在法约尔的理论中，到处都蕴含着数十年管理生涯积累的洞见。以后人批评较多的“命令统一原则”为例（具体批评见西蒙《管理行为》中关于管理谚语的分析），尽管从科学逻辑角度西蒙是正确的，然而却有可能对法约尔不公正。因为法约尔强调一个员工只能有一个上司，针对的恰恰就是在现实中屡见不鲜的命令冲突和双重领导，其目的在于让人们看清现实中不合科学逻辑的行为。法约尔指出，造成命令不统一有四种情况：（1）或者希望命令能被更好地理解，或者为了争取时间，或者为了立即纠正某种错误，撇开直接领导人下达命令。这种现象造成的问题是，接受命令的下属因为打破了既定组织关系而犹豫不安，被撇开的直接领导人受到伤害和威胁，从而使组织乱成一团。（2）在最初分配职权时，为了避免两个同事、两个朋友之间的关系失和，就让他们对同样的下属拥有同样的职权。起初，人们往往相信，同事和朋友之间的互助友爱、共同利益以及杰出才干，可以使他们自己处理好职权的冲突，但现实却会使这种幻想很快破灭，职权冲突会使两人沿着“合作→拘束→恼怒→仇恨”的路线发展。（3）部门之间的分工界限不清，会产生结构上的命令冲突。（4）部门之间常有的联系、职务运行上不可避免的交错、职权行使中本身具有的模糊性，会产生行为上的命令冲突。显然，上述四种现象，正是管理中常见的病症。所以，法约尔再三告诫人们要坚持命令统一原则。可见，法约尔的理论，表现出明确的问题导向。如果继续推论，就可看出，法约尔反对高校开设过多的高等数学，并非否定数学能够培养严密的逻辑能力，而是要借此说明数学的抽象逻辑不足以应对现实问题。正如这一理论的后继者古立克所说的那样，命令统一原则可能在逻辑上存在不足，因为任何人不可能在同一时间同一行为中遵从互相冲突的两个命令，但是忽视它或者违反它，肯定会发生混乱、无效和责任不明，与现实问题相比，逻辑无关紧要。正是法约尔的问题意识，为其理论的后续发展留下了广阔的前景。

3. 霍桑实验与梅奥

学过管理学的人，无不知道霍桑实验。然而，如果不是具有医生资质的梅奥插一手，那么，霍桑实验就有可能无疾而终。在科学研究中，实验固然重要，但由谁来做实验，按照什么思路做实验更重要。

霍桑的故事，主要是罗特利斯伯格和狄克森等人实际操作的，但是，新的思路来自梅奥。这位来自澳大利亚的心理学教师，在介入霍桑实验之前，就已经在沃顿商学院从事工业心理学研究。1923 年，梅奥应邀研究费城纺织厂的离职率问题。在调查中，梅奥发现纺纱车间尤其是细纱车间“上班太累”，于是他以实验方式增加工间休息，用类似学生课间休息的方式，在上下午各穿插两次休息，每次十分钟，让工人躺一躺或者打个盹。这一实验效果出奇的好，工人的郁闷情绪几乎绝迹，生产率有了很大改善。对于常人来说，这件事就可以告一段落。但细心的梅奥发现，没有实行工间休息的工人效率也有了类似的改进。这说明，影响工人情绪的不仅是疲劳，还有其他因素。更有意思的是，当工厂订货增加，厂方为了赶进度取消实验后，工人的情绪极为沮丧，生产率下降十分严重。厂方不得不恢复实验，但是，改善情绪的效果却大不如前。直到总经理撤换了部分工头，买来了行军床和棉垫子，固定了工间休息设施，情况才逐渐好转。梅奥由此猜测，工间休息不仅仅是恢复疲劳那么简单，休息时的人际交流，工人对管理者的信任，把安排休息的权力下放给小组等等做法，都对工人士气有重要影响。

1927 年，由麻省理工学院的杰克逊在霍桑工厂主持的照明实验遇到了障碍，他们转而向梅奥咨询，梅奥指导实验小组，采用类似于临床医学的“望闻问切”方法，在照明实验的基础上，陆续进行了继电器装配检验室实验、云母剥离实验、绕线室实验和全面访谈实验。这些实验的基本方式是观察和访谈，取得了重大突破。

霍桑实验的首要贡献，是把心理学研究方法引入管理领域。尤其是在访谈中，经过培训的访谈人员真正做到以工人为主导，避免诱导式调研，发掘工人的真实想法。为时两年多的访谈，倾听了两万以上人次的谈话，还编印出供公司内部使用的《怨言和不满》。访谈最重要的结果，是发现“经理的逻辑”与“员工的逻辑”有所不同。管理者眼里的重要事务，工人认为不值一提；

管理者看作鸡毛蒜皮的东西，工人反而十分重视。再进一步，对工人行为的因果判断，为什么要这样做，价值何在，做事的缘由和动机，管理者与工人往往南辕北辙。工人的情感因素，对生产效率的影响往往要比管理者的主观判断大。管理者奉行的是成本逻辑和效率逻辑，而工人奉行的是情感逻辑。很多时候，员工会把主观感受当作客观事实，只要工人认为是事实的东西，总会变成真正的事实。例如，经理觉得相当公平的事情，工人可能觉得很不公平，最后实施的结果就变成了真的不公平。实验表明，访谈可以使工人解脱情感负担，能够促使工人之间人际关系的改善，增进工人群体与厂方的合作愿望并提高合作能力，倾听是训练管理人员的重要方法，职工的谈话是管理工作的重要信息来源。管理学有必要根据这些实验结论进行调整。

霍桑实验的另一贡献，是把社会学研究方法引入管理领域。尤其是在绕线室观察实验中，他们发现在正式组织中存在着以人际关系自发形成的非正式组织。经过连续半年的观察，研究小组发现，工人在产量问题上有自己的标准，这种标准是约定成俗的，同管理当局的标准不一样。他们真诚地认为这个标准是“公平的”，在无意识层次上遵守它。判断人品的尺度，就是这种自然演化出来的行为准则。如果有人“越轨”，会遭到同伴的嘲笑与讥讽，“越轨”的程度稍大，就有可能被众人疏远甚至打击，“挖个坑”或“使个绊子”让他碰一碰。工人之间的人际关系靠工人自己的准则来维持。几乎所有人都认为，作为工友，可以与同伴吵架但不能打小报告，工人要像个工人而不能故作矜持，只有能够与工友一道打赌嬉闹才是自己人，该经理操心的事情你去管就说明你同我们不是一路人。所有这些准则的共同点是都针对人，而不针对工作。绕线室的观察还发现，在 14 名工人中有两个小团伙，这种小团伙没有结构，完全靠人际影响力形成，价值观上略有差异，并由此构成小团伙之间的模糊边界。小团伙在增进自身凝聚力时可能会萌发对公司规章的挑战，一线监工对这种挑战的监管情况，是工人判断监工人品的基本依据。监工对公司制度打折扣乃至迎合小团伙，是取得威望的途径之一。优秀的监工，会在理性与人情之间巧妙折中。这种小团伙，就是后来在管理学研究中引起高度重视的非正式组织。它与正式组织的共存与融合程度，对管理有着重大作用。

从霍桑实验开始，管理学进入社会人时代。此前，管理学信奉的是经济人假设，而霍桑实验提出了社会人假设。所谓经济人假设，发源于斯密，在管理学中光大于泰罗。经济人假设有两个关键词：一是理性，二是自利。这种假设相信，人的行为是由理性支配的，研究人的行为不考虑非理性（即便人有非理性行为，也因为非理性不能进行因果逻辑分析而无法采用科学方式进行研究），人的行为都追求自身利益，这种自身利益有可能包括多种内容，既有经济利益又有非经济利益（这就需要适当界定利益的范围，在这个问题上的常见误解是把利益等同于经济利益）。经济人假设可以解释大部分人类行为的动机来源，然而，总有部分行为用经济人假设无法解释。霍桑实验则提出，人不仅是经济人，而且是社会人。所谓社会人，也有两个关键词：一是情感，二是群体。社会人假设认为，人的行为要受情感支配，如果人只有理性没有情感，则无异于机器，失去人的本质。研究人的行为必须考虑情感。在情感的影响下，群体关系是行为动机的重要来源。从个体看，人的行为不总是利己，也有可能做出利他行为。这里需要注意的是利己和利他的区别，与逻辑分析的单元界定有着密切关系。一个人很可能为了他人而做出自我牺牲，从个体看属于利他，但以群体为单元就属于利己。由此可见，社会人假设的提出，并非“取代”了经济人假设，而是两种假设的相对性互补。社会人假设弥补了此前经济人假设的“个人主义”不足，把人类行为研究由个体行为扩展到组织行为。正是这一理论贡献，使霍桑实验成为管理研究的又一个典范。

梅奥在霍桑实验中并没有做多少具体工作。正如罗特利斯伯格所言：霍桑的数据不是梅奥的，结果也不是梅奥的，但是对霍桑的意义解释，以及从中引发出的新问题和新假设，却都是梅奥的。梅奥之所以能够有此贡献，与他带着悲天悯人的情怀对人类命运的思考关系极大。他的代表作《工业文明的社会问题》包括两个部分，第一部分是“科学与社会”，属于对支配管理观念的元理论探讨，第二部分是“临床式调研方法”，属于对霍桑实验以及其他类似调查研究的分析论证。没有读过梅奥的书，就有可能忽视梅奥的元理论。梅奥认为，工业社会的根本问题，是工业的飞速发展导致社会失调。人类在技术上和生产上取得了巨大进步，但在合作上和协调上没有多少进展。“近两个世纪的现代文明在人们合作能力上没有扩大和发展，而在发展物质的科学的神圣的名义下不知不觉地做了许多事情损害着团体协作和处理人事能力的提高。”梅奥看到工业时代摧毁了农业时代形成的社会结构和社会关系，所以他才把目光放在社会失衡问题上。此前的“经济人”假设和“群氓”假设以原子状态看待人类存在，只强调个人利益而漠视社会交往，最终导致出国家专制的极权理论。由此，霍桑实验的目标被梅奥引导到探寻工业社会造成的人类危机解决之道，在对企业的研究中找出促进人类协作、改善人际关系、增进人类团体性的思路和方法。可见，眼界的高度决定了理论的高度。

4. 走向现代管理的思想家巴纳德

以泰罗、法约尔为代表的管理学，一般称之为古典管理学。他们从理性科学和经验归纳角度，把对工业效率的追求发挥到极致。然而，上世纪 30 年代的经济危机，把发达国家拖进灾难的深渊。这一危机不同以往的是产能过剩和产品富裕，失业严重而市场崩溃。这就对管理学提出了严峻的追问：提高效率是为了什么？巴纳德的理论应运而生。

巴纳德很有个人特点，他高度近视，有点自闭，稍显矜持，不能参加美国人喜好的球类运动，却在钢琴上有非凡的造诣。他具有极高的语言天赋，在哈佛学习了多种语言，但偏科严重，完全不掌握自然科学，导致没有拿到哈佛的毕业证。离开大学后，巴纳德到 AT&T 就职，专门研究欧洲各国的电信政策，他以翔实的资料和严谨的论证，说明民营电信可以为社会提供更好的服务，保住了 AT&T 的民营地位而避免了国有化。在 AT&T，巴纳德步步高升，1927 年成为贝尔公司的总裁。

巴纳德主掌贝尔公司，正赶上 30 年代的经济萧条。他重视员工，承诺绝不裁员，积极参与社会公共事务，在二战期间领导了美国最大的志愿者组织。在内心深处，巴纳德具有浓厚的人文关怀，但却不大重视利润和效益。对人的同情和关心使他引领贝尔顺利度过危机，但对财务状况的忽视使他在二战后的经营中陷入窘境，不得不离开贝尔到洛克菲勒基金会任职。在贝尔期间，巴纳德曾经到哈佛做过一个系列讲座，由此形成了他的名著《经理人员的职能》。作为经理人的受挫和作为学者的成功相表里，实际是一个本质的两种面相。作为经理人，他不重视利润和经济效益引发了员工罢工，被迫辞职；作为学者，他对组织与管理的研究跳出了以往的效率追求而专注人本，实现了理论创新。如果说，市面上的管理学图书有太多的“辟邪剑法”，那么，巴纳德的著作，则属于管理学的“易筋经”。

巴纳德认为，组织就是一个协作系统。人是协作的主体，人性对协作系统的有效性和高能率有着重要影响。组织的存续取决与“牺牲”与“诱因”的平衡。所谓“牺牲”，就是人们加入组织付出的代价；所谓“诱因”，就是组织吸引成员的资源。对成员来说，诱因大于牺牲，才可形成加入组织的意愿并增进组织的凝聚力；对组织来说，只有牺牲大于诱因，才可积累组织资源以取得发展壮大。管理的本质，就是在牺牲和诱因之间维护平衡。

有人把牺牲等同于贡献，把诱因等同于报酬，认为牺牲与诱因的平衡就是贡献与报酬的平衡。这种看法在逻辑是上是成立的，但会转移立足点。讲牺牲与诱因的平衡，立足点是个人；讲贡献与报酬的平衡，立足点是组织。人是工具还是目的，取决于立足点的不同。正是巴纳德的组织平衡论，在理论上封死了人的工具性，真正奠定了以人为本的理论基石。一旦把人作为组织工具，哪怕再重视人，也跳不出“用人如器”的窠臼。巴纳德的理论强调，组织是人的工具。

组织的生命取决于信息，组织对于人而言，就是一个信息沟通的平台。从信息沟通角度，巴纳德提出了权威接受论。他专门论证了“无差别区”（zone of indifference，即权威能够被组织成员无条件接受的区域），认为“权威来自于下属而不是来自于上司”。一个命令是否权威，不取决于命令的发布者，而取决于命令的接受者。正是权威接受论，奠定了管理中的民主思想和自治思想。

按照巴纳德的组织平衡论，只要为组织做出牺牲，就是组织的成员。而为组织做出牺牲的人相当广泛，既包括为组织付出了时间和劳动的雇员，又包括为组织付出了金钱和物资的投资者、供货者和顾客。吸引前一类成员的诱因主要是薪水、职位的威望与名声、晋升机会等（同组织目标无关）。吸引后一类组织成员的诱因主要表现为对顾客的服务，给予投资者和供货者的赢利，实现吸引组织外界成员的社会目标等（直接表现为组织目标）。所以，组织的平衡有外部平衡和内部平衡。外部平衡是组织与社会之间的交流，包括设定组织目标，形成组织战略，确认组织发展方向等等，往往与利益折衷相关；内部平衡涉及组织运行的技术方法，实现组织目标的手段，组织运营的流程等等，往往与组织能力有关。可见，所谓组织平衡，本质上是组织决策问题。此后，战略进入管理学，顾客至上和企业社会责任有了理论依据。由此，巴纳德确立了组织的开放性和社会性，后人据此把他的理论称之为社会系统理论。

按照巴纳德的理论，经理人员的职能，首先是建构组织的正式信息交流体系，维护非正式信息沟通方式；其次是促成组织与个人的平衡，推进个人为组织提供的服务；再次是提出和制定组织目标，权衡目标所涉及的各方利益，进行组织决策。

巴纳德的管理思想，把以往的以效率为中心扭转到以人为本，实现了正式组织与非正式组织的有机融合，尊重人的自由选择和自主管理，确立了责任优先的社会思想。从他开始，管理学由古典走向现代。日本管理学家占部都美在《现代管理论》中称："巴纳德是现代管理论的生父，西蒙是巴纳德的直接继承人。所以，现代管理论又称为巴纳德—西蒙理论。其影响广泛而深远，为今天的经营管理理论打下了根基。"

5. 理性沉思的决策大师西蒙

西蒙是个很有意思的人物，他尽管在管理学领域享有盛誉，但他一直不承认自己是个管理学家，强调自己是个科学家。他把自己的生活轨迹概括为“政治科学家、组织理论家、经济学家、管理科学家、计算机科学家、心理学家和科学哲学家”（见《我生活的种种模式——赫伯特·西蒙自传》序，东方出版中心 1998 年版）。作为中国科学院的外籍院士，他还给自己起了个中文名字——司马贺。

以管理学家而获得诺贝尔经济学奖的，西蒙是第一人。他的理论，对管理学的发展有着方向性的影响。西蒙在大学时就形成了复合型知识结构。他先学的是政治学，大二以后，他系统学习了物理学、心理学、计量经济学和逻辑学。他的博士论文，实际上就是影响巨大的《管理行为》一书的雏形。博士毕业后到伊利诺伊理工学院任教，承担的课程有宪法学、城市规划、地缘政治学、合同法、统计学、劳动经济学、运筹学、美国史等等，还开设过科学哲学讨论班，其后又到卡内基大学担任行政学教授和工业管理系主任，以他为中心，形成了卡内基学派。50 年代以后，他转向心理学研究，并开始在计算机技术领域的创新，是人工智能的创始人之一。

西蒙在管理学上的最大贡献，是提出了有限理性。此前，经济学和管理学的经济人假设，都立足于完全理性。但西蒙发现，现实中的人类理性是不完全的，要受到多种限制。人类的知识从来都是不完备的，完全理性要求行为主体具有完整一致的价值偏好体系，实际无法做到。人类大脑并非在某一时间就掌握了所有的结果，而是随着对结果偏好的转移，注意力也会从某一价值要素转向了另一种价值要素；价值偏好的转移，使人不可能在初始状态对各种价值精确排序和加权。人们还要受行为可行性范围的限制。每种备选方案有各自后果，人们不具备每个备选方案所导致后果的所有认知，许多方案无法进入行为主体的评价范围。通俗地说，人的知识是局部性的，偏好是不断变化的，预测是不准确的，可使用的工具和技术是有限的，能够应对的选择不可能无穷多，所有这些，决定了人们在做出选择时不可能达到最优，只能从满足最低需求入手，不满意再追求改善解。有限理性的提出，在经济学和管理学领域产生了深远的影响（需要指出的是，有限理性也是理性，并不包括非理性）。

从有限理性出发，西蒙提出了满意型决策的概念。人类可以通过对行为过程的密切观察，探索原来没有进入视野的可能方案，扩大可行方案的抉择范围。只要没有强烈的外部性，实际决策过程往往不是穷尽一切可能方案，而是划定一个只包括有限变量和有限结果的封闭系统，以帮助人们部分地克服知识不完备性。用西蒙自己的话说，“在经验科学中，我们只想逼近真理，我们不幻想我们能找到一个单一的公式，或者甚至一个相当复杂的公式，能掌握全部真理，并且不包含其他东西。我们安心于一种逐步逼近的战略。”

西蒙指出，组织实际上是一个人类群体的信息沟通及其相互关系的复杂模式。组织向它的成员提供决策需要的大量信息，并确定了成员的决策前提、预定目标和行为态度。组织结构会影响到管理人员以及他们的群体行为选择。组织向其成员施加影响的关键是决策前提，而不是决策本身。决策前提分为事实前提和价值前提。价值要素和事实要素的区分相当于目的和手段的区分，是可以转化的。

在巴纳德理论的基础上，西蒙进一步指出，组织的作用是克服群体行为的不稳定性。所以，组织设计不在于结构多么清晰，而在于能否形成价值选择和认同。组织具有以下功能：第一，克服个人知识的局限，形成决策的信息前提。第二，帮助组织成员了解其他人的行为趋向，使群体形成协作关系。第三，组织可以形成稳定的目标体系和价值尺度，获得行为的整合性和一致性。

西蒙的决策程序分析是与他的认知科学研究相关的。他把决策过程分为四个阶段：信息活动，设计活动，选择活动，审验活动。这个四步走的决策过程，是一种认知逻辑。它不是单一线性的，而是多层次的循环。但总体过程是逐一给出下列答案：问题是什么？解决问题的方案是什么？哪个方案要好一些？选定的方案要不要修正？

西蒙把决策的心理基础归纳为学习、记忆和习惯三个方面，由此形成决策的两种模式，一种是“刺激—反应”模式，另一种是“犹豫—抉择”模式。所谓直觉，西蒙认为是固化了的习惯。能不能通过学习和训练养成良好的习惯，是事业成败的关键。

有趣的是，西蒙爱好国际象棋，他的许多理论发现，都同国际象棋有关。在认知心理学和计算机科学的研究中，国际象棋帮了他的大忙。在自传中西蒙说：“象棋对认知科学的重要性不亚于果蝇对现代基因学的意义——它是一种无法估量其价值的标准研究工具”。正是对象棋大师复盘的探究，使西蒙对直觉有了新的解释。而他的棋艺，又产生出“启发式搜索”和“适应性积累”概念。西蒙作为一个科学家，在生活与工作的融合、游戏与事业的相长方面，给世人做出了榜样。

6. 管理学界的牛虻明茨伯格

明茨伯格以批判性著称，他在管理学领域几乎展开了全方位的挑战。他在加拿大麦吉尔大学读的是机械工程，到麻省理工的斯隆商学院读管理学。写博士论文时只选了五个样本，他的导师担心论文中的样本太少有可能影响答辩，他自信地认为五个样本足以反映出管理的本质。当他把博士论文改写的专著《管理工作的本质》投给出版社时，他认为这本书足以在管理学领域成为经典，却遭到了十五个出版社的退稿。他毫不留情地批评几乎所有的管理学流派，揶揄几乎所有的管理学大师。否定几乎所有的管理学权威，但他绝不是“口炮党”，而是在批判的同时提出富有洞察力和建设性的创见。

明茨伯格认为，以往的管理理论纸上谈兵者居多，与真正的管理场景存在隔膜。他通过自己的观察和总结，概括出管理活动的六大特点：一是工作的紧张和繁重。管理者要同时考虑差别极大的不同事务，而且管理工作没有完成标志。二是工作的简短、多样和琐碎。其他职业都在向专业化、单一化发展，而管理工作往往是一堆杂碎事务，经常需要中断，多件事情一起上手，管理者尤其要保持对时间成本和机会成本的敏感和直觉。三是把现实活动放在优先地位。管理者十分重视活跃信息，新信息有优先权，还特别重视碎片信息，闲谈、推测和传闻在管理信息中具有特殊意义。四是爱用口头交谈方式。文件、电话和临时会晤等沟通方式，其重要性是反序的。五是处于组织和外界联系的“瓶颈”。管理者要同上级、外人、部下三个方面保持联系，在组织内部的关系上主要不靠命令与服从的上下关系，非线性关系比职权关系更重要。六是权力和责任混合一体。上层指挥者更容易受制于人，更像木偶，其主动性在于领导人具有初始决定权和联系控制权。切合现实的管理学，应当围绕这六大特点来构建。

明茨伯格最有名的贡献是提出了管理角色理论。他把管理角色分为三类十种，具体是：人际关系类（挂名首脑、领导者、联络者），信息沟通类（监听者、传播者、发言人），决策类（企业家、故障排除者、资源分配者、谈判者）。这十种角色的名称不难记住，但要理解十种角色的内涵并不容易。所谓人际关系类，与中国常说的人际关系不一样，是指正式组织构建形成的组织关系。所谓挂名首脑，也不是国内常说的那种挂名，而是标志着承担组织责任。挂名云云，是指不涉及信息处理和决策，而不是荣誉称号。再拿信息沟通类角色来说，为何接受信息的监听者是一个角色，而发布信息却需要分为传播者和发言人两个角色？这里面的奥妙在于对内发布信息和对外发布信息的差异。传播者对内发布信息，其角色是管理性质的；而发言人对外发布信息，其角色是专家性质的。如果一个医院院长给医生秀技术，就可能招致医生的反感，同样是这个院长给患者家属解释住院问题，显示不出专业水准就会损害医院声望。企业家角色是 entrepreneur，并非国内常说的老板，而是指创业、创新、冒险者，其关键在引发变革。故障排除者则类似于消防队，其要害在恢复常态。企业家和消防队是对应的两种面相，前者要设计并发起可控变化，后者要消除或抹去非预期变化。资源分配服务于决策，是业务围绕资源分配转，还是资源分配围绕业务转，可反映出组织的不同传统。只有对这些角色有精准的理解，才能运用好这一理论。

通过对管理角色的界定，明茨伯格对如何按照不同角色展开管理工作，根据角色实际展开管理研究提出了自己的建议。所有建议的共同点是不从本本出发，而从实践出发，面对管理的真实情境，帮助管理者跳出工作中恶性循环的怪圈。可见，明茨伯格的管理学，本质上是实践导向、问题导向的管理学。

从实践出发，明茨伯格除了提出角色理论外，还批判了战略计划论，提出了手艺式战略；批判了 MBA 教育，提出了新的管理教育方案。他就像原野上的牛虻，大海里的鲇鱼，叮咬着昏昏欲睡的牛群，驱赶着无精打采的鱼群，以激发它们的活力。在有些地方，明茨伯格显得偏激。然而，这正是他的成就所在。在明茨伯格身上，充分体现了“无偏激就无深刻”的理论创新之道。他给中国的《IT 经理世界》读者有一个题词：“Learn from every-one，Copy no-one!”（向所有人学习，而不要拷贝任何人!）这恰恰是明茨伯格自己治学特色的写照。

7. 组织学习理论与阿吉里斯

在管理学的变革中，学习型组织影响巨大。国内谈到学习型组织，往往要引证圣吉的《第五项修炼》。如果从理论的角度看，阿吉里斯和舍恩的《组织学习》更值得重视。如果以核能利用作比喻，阿吉里斯揭示的是核裂变原理，圣吉所从事的是建造反应堆。

阿吉里斯成名很早，在他年轻时就发表了《个性与组织》，指出科层组织与个性发展的矛盾。他指出，人的个性由不成熟走向成熟有七个标志：(1) 从被动到主动状态；(2) 从依赖他人到相对独立；(3) 从有限行为方式到多样行为方式；(4) 从多变、肤浅、注意力分散、兴趣快速转移到相对持久、专注、精力集中、兴趣稳定；(5) 从只顾及眼前到长远谋划；(6) 从家庭与社会中的从属地位到与他人处于基本平等的地位甚至支配他人的地位；（7）从缺乏自觉到自觉自制。但是，科层组织会阻断个性的发展，把人限定在不成熟状态。首先，正式组织的专业化原则要消灭人的个性差异，中断个性发展过程，扼杀自我实现，并使个人能力发生畸变。本质上讲，专业化即人的工具化。其次，科层组织的等级层次结构，其基本形态为“命令—服从”关系，会剥夺员工的自主权和限制员工的知情权，造成员工的依赖、被动和从属心理，缺乏信息会使员工失去长远眼光。第三，科层组织需要克制和压抑感情，“不能以感情代替政策”是正式组织的金科玉律，其逻辑是越不像“人”就越符合组织的要求，本质上看会促成人格分裂。第四，个性发展要求走向“自治”，而正式组织的集中统一领导属于“他治”，在组织的要求和压力下，员工的奋斗目标不能达到自我层次。可以说，只要是正式组织，哪怕它号称以人为本，也会强化个人对组织的依赖，拒斥成熟的个性，把员工限定在弱智状态。当员工的个人发展符合组织目标时，尚可获得组织的支持，一旦背离组织目标，就会受到组织毫不留情的打压。

对于个性和组织的关系，阿吉里斯提出以下“定理”：

定理一：正式组织的要求和健康个性的发展是不协调的。正式组织要求员工形成依赖性和被动性，循规蹈矩，严格遵从规章制度。从定理一可以导出推论：组织的混乱不安程度与健康个性的发展程度成正比，与个性同组织的不协调程度成正比。

定理二：组织与个性的不协调，将导致员工出现挫折、失败、短期行为和思想矛盾。追求健康、成熟，追求自我实现的员工会产生挫折感，面对组织感到无能和失败，无法确定和控制未来会导致员工不得不只顾眼前。即使感到不满，想离开现在的组织，也要承受重新就业的代价。

定理三：正式组织的原则会导致竞争和压力，产生并激化人际冲突，割裂工作的整体性。员工的自我实现要通过对上级的依赖性和从属性来达到，通过提升职务来获得承认。上级岗位有限，员工为了提升会拼命表现自己，僧多粥少会带来相互仇视甚至相互攻击。组织的分工体系要求员工做好本职工作，员工就会被诱导到只注重本职局部而忽视整体。组织为了协调局部和整体利益的矛盾，会加强领导的控制力度，又反过来强化员工的依赖性和从属性。由此，组织和管理会陷入一种恶性循环。

跳出恶性循环的路径之一，就是通过组织设计实现个性与组织的协调。如果工作内容可以扩大并且有效实施以员工为中心的领导，情况就会得到改善。具体方法有：工作扩大化和丰富化；实行参与式的以员工为中心的领导方式，加重员工的责任，激发责任心和创造性；依靠员工自我指挥和自我控制。大体上，就是走麦格雷戈提出来的 Y 理论路线。

阿吉里斯很学术化地论证了“行动科学”进而引出了组织学习理论。实际上，组织学习的目的就是防止组织对个性的打压，促进人的全面发展，进而实现组织管理中的自治，舒展由于组织压力扭曲的人性，改变科层组织的非人化倾向。

阿吉里斯认为，阻碍组织学习和不断创新发展的最重要因素是“组织防卫”。组织防卫可以表现在组织的政策、实践或行动的任何一个方面，可以出现在组织的任何一个层次上。所谓组织防卫，是面对障碍或威胁时的一种自保性反应。而组织防卫一旦出现，就会阻断对相应障碍或威胁的深层探究，使参与者无法发现那些障碍或威胁产生的真正原因。比如最常见的诿过于他人、转移话题等等。组织成员都带上了伪装和面具，拒绝坦诚相对，而这又源自于人们的社会化训练并形成习惯。习惯性防卫通常会在人们面对具有障碍性或威胁性的工作或人际问题时显现出来，如：沟通时隐藏自己的真实想法、维护自己和别人的面子、将错误归因于别人或环境因素等等。

组织学习就是要发现组织中存在的问题和障碍，并分析其形成的原因，进而以改进措施来消除障碍解决问题。阿吉里斯对于组织的习惯性防卫的研究是从各个角度和各个层次进行的，包括组织结构及各项管理职能、管理会计、预算、组织战略、管理信息系统等。阿吉里斯认为，社会科学的研究不仅要尽可能准确、全面、经济地解释现实状况，而且应该创造出实际可以应用的知识以供人们改造现实状况。所以，他不是停留在发现问题和找出原因的阶段，而是更深入地进行研究，提出相应解决方案，设计出变“单环学习”为“双环学习”的改进思路。

所谓“单环学习”，就是在决策之后增进执行力；所谓“双环学习”，就是在增进执行力之外添加一个反思过程，把决策中隐含的习惯性防卫因素找出来，进而改变策略，调整决策。也就是圣吉在《第五项修炼》中主张的“改善心智模式”。从这一点看，双环学习是针对高素质员工的。人们一般认为，低素质更需要学习。但阿吉里斯把组织学习的对象放在“聪明人”身上，即“现代公司中那些有良好教育背景、占据关键职位、大权在握、肩负重任的专业人士”身上。他把高素质人才形成的思维定势和偏见称之为“熟练性无能”（skilled incompetence），意为熟练的技能和丰富的经验造成了拒绝改进的防卫心理。

阿吉里斯倡导的组织学习，目的是要营造出适应当代社会发展的新型组织。这种组织应该具有更多的创造性，应该对新工艺、新产品有更多的前瞻，应该使员工产生出更多的协调与合作，应该能够适应复杂性和多变性的挑战。组织学习的最终效果，是要实现员工的个性发展、组织的协调一致、效益的内外平衡。从阿吉里斯的理论可以看出，他所说的组织学习，是与后工业化社会的时代变迁，组织扁平化、团队化的灵活性，高素质员工的自我实现，“知识工作”和“知识管理”的任务背景相连带的。他同克里斯滕森提出的“破坏性创新”，同高沙尔提出的“人性化公司”，同野中郁次郎提出的“知识创造理论”在逻辑上是一致的。

8. 管理学巨擘德鲁克

德鲁克在管理学界的名声如雷贯耳，学界关于德鲁克似乎不断有话要说，德鲁克的思想也似乎常说常新。作为从奥匈帝国走出来的学人，他深受旧欧洲上层社会的熏陶；作为目睹纳粹上台的自由主义者，他对极权有着高度的警惕；作为记者起家的旁观者，他具有敏锐的观察力和洞见；作为一位不被学院派接纳的管理学者，他曾七次获得《哈佛商业评论》的麦肯锡奖。总体来看，可以把德鲁克当作20世纪管理学的一个象征。

学院派排斥德鲁克，自有排斥的理由。在学院派眼里，德鲁克走的是记者道路，他的著作缺乏学院派奉为圭臬的引证和注释，没有学院派少不了的密密麻麻的参考文献，更看不到很“学术”的数学模型和量化分析，有的地方逻辑衔接也比较松散，还缺乏故作深奥的专业术语和特意创造的专用名词。所有这些，都使德鲁克无法进入象牙塔的内圈。然而，学院派又离不了德鲁克，离不了的原因正是这种圈外效应。象牙塔里的精雕细凿过于沉闷，需要外面的新鲜空气；大学课堂远离企业，从德鲁克的文章可以窥见企业动向；枯燥的学术研究需要针对性和洞察力，而德鲁克的论断能够捅破那层薄薄的窗户纸。所以，德鲁克与学院派，实际上相互为用。老子曾经说“为学日益，为道日损”，德鲁克是论道，而学院派是治学。正因为如此，缺乏实践感受的在校大学生读德鲁克往往感受不到其中的玄奥，而实战磨炼出来的经理人则能在翻阅德鲁克时有所领悟。德鲁克以对管理实践的重视，以先知式的感悟和思考，引领着管理思想，而学院派则以实证的、数理的、逻辑的方法，把思想变成规范的学术。学院派不用德鲁克的书做教材甚至可以不提德鲁克的名字，却用模型和数据分析验证着德鲁克的思想。所以，象牙塔的代表管理学会（Academy of Management）就不大提起德鲁克，而以管理知识普及见长的美国管理协会（American Management Association）却给予德鲁克极高的评价。以中国古代的佛教名人为喻，学院派如同玄奘那样取经译经，务求精准；德鲁克如同慧能那样开宗立派，悟道成佛。

德鲁克为社会的贡献之一，就是他对未来的预见。尽管他曾经揶揄自己对股票市场的预测错误，但这并不妨碍人们对他的聆听。预测不是算命，而是趋势和走向判断。在经济学界争论自由放任还是国家干预时，德鲁克已经预见到了旧社会的逝去和新社会的到来。当通用汽车如日中天时，德鲁克提议通用汽车的组织体系和战略方向应该有所变化。当国家干预主义抬头，约翰逊总统的“伟大社会”计划全面推开时，德鲁克看到这一行动背后的隐患，率先提出了“重新私有化”的主张。当发达国家的产业结构出现新的变化时，德鲁克看到了“知识工作者”作为新社会中间阶级的崛起。当恶意并购风行商界，投资基金、企业高管津津乐道于短期效应的时候，德鲁克洞察到背后的合法性危机，并呼吁企业的新“所有者”担负起自身的责任。当社会治理结构发生变化时，德鲁克转向对机构投资者和第三部门的研究。他的一生，都致力于对社会的整体走向把握。

德鲁克认为：“管理是一种实践，其本质不在于‘知’，而在于‘行’，其验证不在于逻辑，而在于成果。”在管理学的学科发展方向上，德鲁克以其浓厚的人文和实践色彩，致力于矫正现代管理学过于科学化、理论化的倾向。德鲁克在他晚年（1999 年），把自己对管理的贡献概括为四个方面：第一，在 1939 年，就认识到管理已经成为组织社会的基本器官和功能；第二，尽管管理一开始侧重企业管理，但是管理不仅仅是企业管理，而是控制现代社会所有机构的器官；第三，确立了管理作为一门学科的地位；第四，从人与权力、价值观、结构这些角度来研究这门学科，尤其是从责任的角度进行研究，把管理视作一门真正的人文艺术。德鲁克在管理研究中涉及到的领域，包括企业战略与愿景、事业部制和组织结构、目标管理、知识员工管理、企业文化、非营利组织、企业社会责任、公司治理结构、管理变革等方面。总体来看，德鲁克以自由主义立场研究管理，认为现代社会是组织的，组织是社会器官，具有以组织弥补个人主义学说内在不足的倾向。所以，他自称是社会生态学家。他的思想价值，会在今后的社会发展中逐步彰显。

在国内，德鲁克影响比较大的是他提出的目标管理。但是，国内的介绍，往往把目标管理的重心放在目标体系的制定上面，突出操作方式，论证如何根据总目标层层分解出子目标，如何把子目标层层整合为目标体系，目标制定过程如何进行上下沟通和协商，而对目标管理的宗旨有所忽视。实际上，讲目标管理，必须把握住其中的要害，即变他治为自治。正是在自治意义上，德鲁克强调，目标管理不仅是一种管理手段，更是一种管理哲学。

在德鲁克身上，我们可以看到，没有量化分析，照样可以研究管理，完全拒绝数学，反而使思想更为舒展。当然，不用数学的前提是不反对别人用数学。管理领域，当然允许数学大显身手，泰罗就是这样做的，也应该允许不用数学的成果绽放出彩，德鲁克就是这样做的。

第十三章

如何成为一流的管理学家

时代呼唤新一代管理学家，那么对管理学家是什么要求？他们又是怎么成长为管理学家的？回顾以往，管理学家成长轨迹的三种印痕值得考虑：积累、挤压和反思。

1. 积累的拓展

管理学家能成家、立言，必须有一定的积累，否则无法实现突破。管理学的名家，总有前人的衬托，就像牛顿说过的一句话：如果说我比别人看得更远些，那是因为我站在了巨人的肩上。

“科学管理之父”泰罗把数学用于管理中的流程设计等，在他之前，巴贝奇已经做得非常漂亮，在流程、材料、物流方面已全面展开，两者不同之处在于泰罗比巴贝奇往前多走了一步，不局限于从技术、流程的角度研究管理，把数学思路扩展至组织与精神层面。

西蒙在管理学界提出一个有很大影响力的理论——有限理性，其实在他之前，巴纳德已经提出了知识有限性问题和试错问题，认为公司能够长久存在下来的是特殊现象，正常情况为死亡、一塌糊涂，且以经营失败为常态。西蒙在巴纳德的基础上，把这一认识拓展到有限理性。

面临知识创新，与面临权力类似，要尊敬前人的积累，保持谦虚的态度，如履薄冰，如临深渊。谦虚不是自贬而是虚幻若谷，狂妄不是自傲而是无知。

此外，有两种倾向妨碍积累：一是过多强调更新而忽视积淀，二是过多强调接受而忽视对话。知识有两类，可分为思维性知识和技术性知识，前者只有积累没有更新，后者则是不断更新的。如今我们强调知识更新，就很容易忽视积淀。而没有积淀只讲更新，很容易导致低水平重复，西人称为“不断发明轮子”。强调接受而忽视对话，则难以产生超越，不是百尺竿头更进一步，而是一代不如一代。很多人看名作的时候，经常采用仰视的态度，其实真正的知识创造来自于与作者对话。

2. 挤压的张力

草原上的羊因为有狼的存在，活得更健壮；思想也一样，在对立的、不同观点的对抗与张力中，推动着思想不断向前发展、不断创新。

管理学发展中很明显的是科学与人文之间的宏观挤压。搞科学和搞人文的互相看不起，这是世界通病，即斯诺所说的两种文化冲突。中国学生刻薄互称“文科傻妞”和“理科呆瓜”，就是这种心态的表现。而从学术发展的角度看，二者之间的挤压对于管理学恰恰是动力。

管理学发展演化中，始终存在着人文与科学的互相挤压：初创时期有两种关怀，欧文的人文化和巴贝奇的科学化；管理学形成时期有两种思路，泰罗的数学至上和法约尔的经验至上；现代管理理论的两种构建是巴纳德的人文倾向和西蒙的科学倾向；战略管理有两种求解思路，钱德勒的历史化、明茨伯格的手艺化和波特的数据化、模型化；管理学发展方向的两种追求是德鲁克的社会关怀方向和学院派的精确量化方向。

微观上，科学与人文在管理学发展中的挤压表现在多个方面：科学管理的正统与异端，比如泰罗手下的巴思和甘特，库克居间，泰罗友人中的埃默森和吉尔布雷斯；霍桑的转向和追问，霍桑前期与梅奥的区别，实验之后的科学质疑和人文传承；合作中的互相矫正，卡内基—梅隆学派的搭档，西蒙（科学）和马奇（人文）；组织学习理论到实践的进展，阿吉里斯的模型化和圣吉的禅悟化。具体理论的相互挤压有：科学方向的飚进与贡献进入人文领域，如卢因（场、团体力学）、斯金纳（行为主义），从康芒斯（制度经济学）到科斯（交易成本和公司边界）；人文方向对科学的回应与突破，如麦格雷戈（Y 理论）、马斯洛（人本心理学）、沙因（组织文化）；整合两个方向的努力：韦伯的宗教文化研究与经济社会研究；帕森斯的系统结构和帕累托最优；卢桑斯的权变等。

思想的快速发展时期恰恰是科学与人文挤压最厉害的时期，以沙因为例，在一个论坛上，有人抨击组织文化研究没有学术价值。沙因非常生气，发狠写了一本书《组织文化与领导》，这本书至今在企业文化领域中是经典。

最宏观的挤压是经济人假设与社会人假设的理念挤压，这是最基础的挤压，很多人把两种假设看成对抗关系，其实更多是互补关系，经济人假设强调理性和自利，社会人假设强调情感和群体。正是这种表面上的对抗，形成了学科发展的协同力量。

可以说，思想的互相挤压推动了管理学的向前发展，不要害怕这种不同意见的挤压，甚至还要欢迎这种对抗，没有意见的抗衡和挤压，就没有思想的火花，就没有学科的发展和创新。还有一点更需要注意的，不仅思想与思想之间存在挤压，现实与理论之间也存在挤压。回观管理学的发展，理论上的重大突破。都发生在社会重大变化的挤压之中，顺风顺水反而难以创新。中国经济由增量式发展到转型的变化，正在挤压着管理学界的回应。

3. 反思的螺旋式进步

反思有两种，分别是否定式反思和修补式反思，前者往往是一个学科的革命式发展的前兆，比如明茨伯格否定经典管理学，提出了管理角色理论，阿吉里斯对科层制的否定；后者则是对现有理论的完善，如马奇的决策垃圾桶模式对西蒙的理性模式、林德布鲁姆的渐进模式的修补，平衡计分卡对管理会计的修补。

反思形成的理论进步更多的表现为点滴突破和局部进展，与积累结合。比如决策垃圾桶模式，是指环境、决策者、要解决的问题、解决方法、选择机会之间有着复杂相互作用，存在偏好的不确定性、技术与方法的不明确性、参与者的流动性，垃圾桶指问题、解决方案、决策者、选择机会四个因素的耦合。平衡计分卡采用财务、客户、内部业务流程、学习与成长四个维度，按照四个维度之间的因果逻辑，连结企业的长期愿景和短期行动，作为企业战略的实施工具。

4. 成为一流管理学家的征兆

理念。有悲天悯人的情怀，或关心现实，或关心未来，试图以自己的努力改善人类的命运，像德鲁克就多次强调自己不是管理学家，而是社会研究者，处处强调自己的社会责任；又像西蒙始终以科学家的眼光对待管理问题，试图以科学回答这个世界的所有难题。但这种情怀不是空想，而是务实的，如朱熹、王守仁。

性格。具有超越常人的性格，尤其是意志坚定、执著、百折不挠，“咬住青山不放松”，甚至表现为偏执，也正是这份固执成就了他们，如泰罗、斯金纳和马斯洛。泰罗坚信世界上有最好的方法并不断探寻；斯金纳为了回应人们对他做的动物实验和人类没有可比性，而拿自己的小女儿做实验，当然这个实验是人道的；马斯洛为了理解人的高峰体验而试用某些药品，都表现出这一方面。

观念。观念也是眼界，眼界不同，看问题的高度也不同。看书，尤其是看闲书能提高我们的眼界。高校的老师经常教导学生不要眼高手低，其实千万不能因为手低而把眼界降下来，眼高手低可怕，但是眼比手还低更可怕。凡是在管理学领域有所突破的人，眼界肯定比其他人高一些，也往往能最先发现自己的错误。就像高手下棋，能够比别人多看三五步，因而能够在错综复杂的棋局中占据先手，即便遇到挫折，也比常人能更快复盘。这种人以敏锐见长，如巴纳德、阿吉里斯。

思维。思想是要靠思维提出来的。学会逻辑推理，学会推导分析，具有更开放、更严谨、更理性的思维，能够看到别人未发现的逻辑谬误，可以得出新的推理结论，善于填补前人的逻辑缺环，尤其是能对自己的想法进行否定式反思。现实中有些人往往陷入逻辑冲突而不自觉，如有位学者研究管理伦理，他提出经济人假设败坏了管理伦理，但他后面关于伦理建设的方法包括加强法制、强化奖惩等等，而这些措施实际上是建立在经济人假设基础上的。这里面就有逻辑冲突。在理论上实现突破就要善于发现这种逻辑冲突，并能提出符合逻辑的观点。

情感。在理论上有所突破的管理学家有比常人更丰富的情感，不是只冷冰冰地做研究，也知道各种人情世故，善于推己及人，长于移情思考，易于产生共鸣和同情。这种人往往极为敏感，也正是如马斯洛、麦格雷戈一类人，才有可能对常人不大注意的地方产生敏锐感知。我私下觉得，麦格雷格可能有心理问题，他拍照必须有一个道具，如烟斗。据他的学生回忆，麦格雷格一辈子上课都会把手放在裤兜里，把硬币玩的叮当响，也就是说他需要有道具才能让心情平静下来。正是他的这种敏感、脆弱和心理上的多疑，促使他提出了 X－Y 理论。他的书《企业的人性面》是在西方人力资源领经典著作中被引用最多的，但其中的多数引用是用来批驳他的。我们应该看到的是，正是这种批驳把这个学科往前推动了一大步。

5. 一流管理学家的习性

谦卑。所谓谦卑，不是盲目称道他人的高明，而是明白自己的不足。管理学家可能很傲，但这种傲是骨气里的傲，他们在学术、在知识面前是谦卑的。这也是孔子说的“三人行，必有我师”。

豁达。所谓豁达，不是不计较是非的忍让，而是高屋建瓴的鸟瞰，看得开。

兼容。所谓兼容，不是杂烩各种不同观点，而是弄清不同观点的缘由。很多人把它误以为中庸，中庸不是折中，不是各打五十大板。中庸是明察秋毫，恰到好处。

大体上，一流管理学家应当做到“眼高手低，身软腰硬”，即眼界要高，要有全球化视野；手段要低，要有本土情境理解和操作；身段要软，要能圆融应对各种挑战和实务；腰板要硬，要能守住基本原则和底线。

6. 通向一流管理学家的学术路径

通过文献与一流学者对话。读出文献隐含的内容。比如《论语》中的第一句话说“学而时习之不亦说乎”，与《三字经》中的“头悬梁，锥刺股”显然完全不同。这会让很多人产生困惑，其实前者是15岁以后的孩子理解式学习的喜悦，后者则是针对6岁孩童不懂意思硬性背诵的苦熬。都是说学习，这中间就有差别。有时我们看企业案例或者一些总结，尽管里面没有说假话，但我们能感觉其中的微妙。仔细推敲，有时甚至发现某个决策是因为某个高管咳嗽了一声而最终受到了影响。像写《邓小平时代》的傅高义水平确实很高，但他毕竟是个外国人，他对中国的理解是有隔膜的。有些中国情境下的事情，中国普通老百姓一看就能心领神会，而傅高义只能对当时的记录进行文本解释。理解了这种差别，并不降低我们对傅高义的尊敬。

准确判断前人的局限。对前人的局限不能夸大，也不能视而不见，读书读到这个程度，便能读进去。尤其值得注意的是，局限在很多时候是成就一个人的条件，比如我们经常批评泰罗的局限是完全理性、最优设计，实际上如果没有完全理性和最优方案的追求，那就不可能有泰罗。

接续前人的脚步。在前人走过的路上再向前多走几步，再向四周多看几眼。前面提到的人物，大都是这样提出新理论的。卡普兰作为一个出色的会计，在会计数据之向企业战略观望，产生了平衡计分卡。马奇在西蒙的决策研究基础上向随机分布扩展了一点，提出了垃圾桶决策模式。类似的情形的管理学研究中极为常见，新的理论或者学说，就诞生在“进一步”之中。

最严格地反驳自己。只要专注于某一事项，时时刻刻都会产生出一些新的想法和新的念头，但是，昙花一现的新思路是否靠谱，这不是一厢情愿就能成功的。真正的思想创新者，恰恰对自己极为严苛，他需要把自己的想法从不同角度进行无数次反驳，在力所能及的情况下穷尽反证，而不是只顾对自己有利的证据。

不但要进行逻辑验证，而且要寻求实践验证，重在反证。现实在有些情况下是不符合逻辑的，只有逻辑推演，缺乏经验证明，很有可能陷入理性的自负。只有得到实践支持的想法，才有可能成为理论创新的根基。

我们相信，成为一名管理学家，需要从以上多方面进行努力。时代在呼唤新一代管理学家，我们也要弄清楚从哪些方面着手努力，不骄不躁，持之以恒地向前推进！

推荐作者得新书!

博瑞森征稿启事

亲爱的读者朋友:

感谢您选择了博瑞森图书!希望您手中的这本书能给您带来实实在在的帮助!

博瑞森一直致力于发掘好作者、好内容,希望能把您最需要的思想、方法,一字一句地交到您手中,成为管理知识与管理实践的桥梁。

但是我们也知道,有很多深入企业一线、经验丰富、乐于分享的优秀专家,或者忙于实战没时间,或者缺少专业的写作指导和便捷的出版途径,只能茫然以待……

还有很多在竞争大潮中坚守的企业,有着异常宝贵的实践经验和独特的洞察,但缺少专业的记录和整理者,无法让企业的经验和故事被更多的人了解、学习……

对读者而言,这些都太遗憾了!

博瑞森非常希望能将这些埋藏的"宝藏"发掘出来,贡献给广大读者,让更多的人从中受益。

所以,我们真心地邀请您,我们的老读者,帮我们搜寻:

推荐作者

可以是您自己或您的朋友,只要对本土管理有实践、有思考;可以是您通过网络、杂志、书籍或其他途径了解的某位专家,不管名气大小,只要他的思想和方法曾让您深受启发。

可以是管理类作品,也可以超出管理,各类优秀的社科作品或学术作品。

推荐企业

可以是您自己所在的企业,或者是您熟悉的某家企业,其创业过程、运营经历、产品研发、机制创新,等等。无论企业大小,只要乐于分享、有值得借鉴书写之处。

总之,好内容就是一切!

博瑞森绝非"自费出书",出版费用完全由我们承担。您推荐的作者或企业案例一经采用,我们会立刻向您赠送书币1000元,可直接换取任何博瑞森图书的纸书或电子书。

感谢您对本土管理原创、博瑞森图书的支持!

推荐投稿邮箱:bookgood@126.com

推荐手机:13611149991

1120 本土管理实践与创新论坛

这是由 100 多位本土管理专家联合创立的企业管理实践学术交流组织，旨在孵化本土管理思想、促进企业管理实践、加强专家间交流与协作。

论坛每年集中力量办好两件大事：第一，**“出一本书”**，汇聚一年的思考和实践，把最原创、最前沿、最实战的内容集结成册，贡献给读者；第二，**“办一次会”**，每年 11 月 20 日本土管理专家们汇聚一堂，碰撞思想、研讨案例、交流切磋、回馈社会。

叶敦明　王　涛　李文才　王　强　张远凤　陈　明
廖信琳　岑立聪　方　刚　何足奇　周　俊　杨　奕
孙行健　孙嘉晖　张东利　郭富才　叶　宁　何　屹
沈　奎　王明胤　王　超　马宝琳　谭长春　杨竣雄
夏惊鸣　张　博　段传敏　李洪道　胡浪球　孙　波
唐江华　程　翔　翟玉忠　刘红明　杨鸿贵　伯建新
高可为　李　蓓　王春强　孔祥云　戴　勇　贾同领
罗宏文　张兵武　史立臣　李政权　余　盛　陈小龙
尚　锋　邢　雷　余伟辉　李小勇　苗庆显　孙　巍
陈继展　全怀周　林延君　王清华　初勇钢　陈　锐
高继中　聂志新　黄　屹　沈　拓　徐伟泽　潦　寒
谭洪华　崔自三　王玉荣　蒋　军　侯军伟　黄润霖
朱伟杰　金国华　吴　之　葛新红　周　剑　崔海鹏
李治江　陈海超　柏　龑　唐道明　刘书生　朱志明
曲宗恺　杜　忠　黄渊明　王献永　范月明　吕　林
刘文新　赵晓萌　张　伟　韩　旭　韩友诚　熊亚柱
秦海林　孙彩军　刘　雷　贺小林　王庆云　黄　娜
俞士耀　田　军　丁　昀　张小峰　黄　磊　罗晓慧
赵海永　伏泓霖　任彭枞　梁小平　鄢圣安　马方旭
乐　涛　杨晓燕　欧阳莉华　陈　慧　张　璐

企业案例·老板传记			
	书名．作者	内容/特色	读者价值
企业案例·老板传记	**你不知道的加多宝：原市场部高管讲述** 曲宗恺　牛玮娜　著	前加多宝高管解读加多宝	全景式解读，原汁原味
	借力咨询：德邦成长背后的秘密 官同良　王祥伍　著	讲述德邦是如何借助咨询公司的力量进行自身与发展的	来自德邦内部的第一线资料，真实、珍贵，令人受益匪浅
	娃哈哈区域标杆：豫北市场营销实录 罗宏文　赵晓萌　等著	本书从区域的角度来写娃哈哈河南分公司豫北市场是怎么进行区域市场营销，成为娃哈哈全国第一大市场、全国增量第一高市场的一些操作方法	参考性、指导性，一线真实资料
	六个核桃凭什么：从 0 过 100 亿 张学军　著	首部全面揭秘养元六个核桃裂变式成长的巨著	学习优秀企业的成长路径，了解其背后的理论体系
	像六个核桃一样：打造畅销品的 36 个简明法则 王　超　范　萍　著	本书分上下两篇：包括“六个核桃”的营销战略历程和 36 条畅销法则	知名企业的战略历程极具参考价值，36 条法则提供操作方法
	解决方案营销实战案例 刘祖轲　著	用 10 个真案例讲明白什么是工业品的解决方案式营销，实战、实用	有干货、真正操作过的才能写得出来
	招招见销量的营销常识 刘文新　著	如何让每一个营销动作都直指销量	适合中小企业，看了就能用
	我们的营销真案例 联纵智达研究院　著	五芳斋粽子从区域到全国/诺贝尔瓷砖门店销量提升/利豪家具出口转内销/汤臣倍健的营销模式	选择的案例都很有代表性，实在、实操！
	中国营销战实录：令人拍案叫绝的营销真案例 联纵智达　著	51 个案例，42 家企业，38 万字，18 年，累计 2000 余人次参与……	最真实的营销案例，全是一线记录，开阔眼界
	双剑破局：沈坤营销策划案例集 沈　坤　著	双剑公司多年来的精选案例解析集，阐述了项目策划中每一个营销策略的诞生过程，策划角度和方法	一线真实案例，与众不同的策划角度令人拍案叫绝、受益匪浅
	宗：一位制造业企业家的思考 杨　涛　著	1993 年创业，引领企业平稳发展 20 多年，分享独到的心得体会	难得的一本老板分享经验的书
	简单思考：AMT 咨询创始人自述 孔祥云　著	著名咨询公司（AMT）的 CEO 创业历程中点点滴滴的经验与思考	每一位咨询人，每一位创业者和管理经营者，都值得一读
	边干边学做老板 黄中强　著	创业 20 多年的老板，有经验、能写、又愿意分享，这样的书很少	处处共鸣，帮助中小企业老板少走弯路
	三四线城市超市如何快速成长：解密甘雨亭 IBMG 国际商业管理集团　著	国内外标杆企业的经验 + 本土实践量化数据 + 操作步骤、方法	通俗易懂，行业经验丰富，宝贵的行业量化数据，关键思路和步骤
	中国首家未来超市：解密安徽乐城 IBMG 国际商业管理集团　著	本书深入挖掘了安徽乐城超市的试验案例，为零售企业未来的发展提供了一条可借鉴之路	通俗易懂，行业经验丰富，宝贵的行业量化数据，关键思路和步骤

续表

互联网 +			
	书名．作者	内容/特色	读者价值
互联网+	**企业微信营销全指导** 孙　巍　著	专门给企业看到的微信营销书，手把手教企业从小白到微信营销专家	企业想学微信营销现在还不晚，两眼一抹黑也不怕，有这本书就够
	企业网络营销这样做才对：B2B　大宗 B2C 张　进　著	简单直白拿来就用，各种窍门信手拈来，企业网络营销不麻烦也不用再头疼，一般人不告诉他	B2B、大宗 B2C 企业有福了，看了就能学会网络营销
	互联网时代的银行转型 韩友诚　著	以大量案例形式为读者全面展示和分析了银行的互联网金融转型应对之道	结合本土银行转型发展案例的书籍
	正在发生的转型升级·实践 本土管理实践与创新论坛　著	企业在快速变革期所展现出的管理变革新成果、新方法、新案例	重点突出对于未来企业管理相关领域的趋势研判
	触发需求：互联网新营销样本·水产 何足奇　著	传统产业都在苦闷中挣扎前行，本书通过鲜活的案例告诉你如何以需求链整合供应链，从而把大家熟知的传统行业打碎了重构、重做一遍	全是干货，值得细读学习，并且作者的理论已经经过了他亲自操刀的实践检验，效果惊人，就在书中全景展示
	移动互联新玩法：未来商业的格局和趋势 史贤龙　著	传统商业、电商、移动互联，三个世界并存，这种新格局的玩法一定要懂	看清热点的本质，把握行业先机，一本书搞定移动互联网
	微商生意经：真实再现 33 个成功案例操作全程 伏泓霖　罗晓慧　著	本书为 33 个真实案例，分享案例主人公在做微商过程中的经验教训	案例真实，有借鉴意义
	阿里巴巴实战运营——14 招玩转诚信通 聂志新　著	本书主要介绍阿里巴巴诚信通的十四个基本推广操作，从而帮助使用诚信通的用户及企业更好地提升业绩	基本操作，很多可以边学边用，简单易学
	今后这样做品牌：移动互联时代的品牌营销策略 蒋　军　著	与移动互联紧密结合，告诉你老方法还能不能用，新方法怎么用	今后这样做品牌就对了
	互联网 +“变”与“不变”：本土管理实践与创新论坛集萃·2016 本土管理实践与创新论坛　著	本土管理领域正在产生自己独特的理论和模式，尤其在移动互联时代，有很多新课题需要本土专家们一起研究	帮助读者拓宽眼界、突破思维
	创造增量市场：传统企业互联网转型之道 刘红明　著	传统企业需要用互联网思维去创造增量，而不是用电子商务去转移传统业务的存量	教你怎么在“互联网 +”的海洋中创造实实在在的增量
	重生战略：移动互联网和大数据时代的转型法则 沈　拓　著	在移动互联网和大数据时代，传统企业转型如同生命体打算与再造，称之为“重生战略”	帮助企业认清移动互联网环境下的变化和应对之道

续表

互联网+	**画出公司的互联网进化路线图:用互联网思维重塑产品、客户和价值** 李 蓓 著	18个问题帮助企业一步步梳理出互联网转型思路	思路清晰、案例丰富,非常有启发性
	7个转变,让公司3年胜出 李 蓓 著	消费者主权时代,企业该怎么办	这就是互联网思维,老板有能这样想,肯定倒不了
	跳出同质思维,从跟随到领先 郭 剑 著	66个精彩案例剖析,帮助老板突破行业长期思维惯性	做企业竟然有这么多玩法,开眼界
行业类:零售、白酒、食品/快消品、农业、医药、建材家居等			
	书名.作者	内容/特色	读者价值
零售·超市·餐饮·服装	**总部有多强大,门店就能走多远** IBMG国际商业管理集团 著	如何把总部做强,成为门店的坚实后盾	了解总部建设的方法与经验
	超市卖场定价策略与品类管理 IBMG国际商业管理集团 著	超市定价策略与品类管理实操案例和方法	拿来就能用的理论和工具
	连锁零售企业招聘与培训破解之道 IBMG国际商业管理集团 著	围绕零售企业组织架构、培训体系建设等内容进行深刻探讨	破解人才发现和培养瓶颈的关键点
	中国首家未来超市:解密安徽乐城 IBMG国际商业管理集团 著	介绍了乐城作为中国首家未来超市从无到有的传奇经历	了解新型零售超市的运作方式及管理特色
	三四线城市超市如何快速成长:解密甘雨亭 IBMG国际商业管理集团 著	揭秘一家三四线连锁超市的经验策略	不但可以欣赏它的优点,而且可以学会它成功的方法
	涨价也能卖到翻 村松达夫 【日】	提升客单价的15种实用、有效的方法	日本企业在这方面非常值得学习和借鉴
	移动互联下的超市升级 联商网专栏频道 著	深度解析超市转型升级重点	帮助零售企业把握全局、看清方向
	手把手教你做专业督导:专卖店、连锁店 熊亚柱 著	从督导的职能、作用,在工作中需要的专业技能、方法,都提供了详细的解读和训练办法,同时附有大量的表单工具	无论是店铺需要统一培训,还是个人想成为优秀的督导,有这一本就够了
	百货零售全渠道营销策略 陈继展 著	没有照本宣科、说教式的絮叨,只有笔者对行业的认知与理解,庖丁解牛式的逐项解析、展开	通俗易懂,花极少的时间快速掌握该领域的知识及趋势
	零售:把客流变成购买力 丁 昀 著	如何通过不断升级产品和体验式服务来经营客流	如何进行体验营销,国外的好经营,这方面有启发

续表

零售·超市·餐饮·服装	**餐饮企业经营策略第一书** 吴　坚　著	分别从产品、顾客、市场、盈利模式等几个方面，对现阶段餐饮企业的发展提出策略和思路	第一本专业的、高端的餐饮企业经营指导书
	电影院的下一个黄金十年：开发·差异化·案例 李保煜　著	对目前电影院市场存大的问题及如何解决进行了探讨与解读	多角度了解电影院运营方式及代表性案例
	赚不赚钱靠店长：从懂管理到会经营 孙彩军　著	通过生动的案例来进行剖析，注重门店管理细节方面的能力提升	帮助终端门店店长在管理门店的过程中实现经营思路的拓展与突破
耐消品	**商用汽车经销商经营实战** 杜建君　王朝阳　章晓青　等著	从管理到经营，从销售到服务，系统化运作全指导	为经销商经营开阔思路，掌握方法
	汽车配件这样卖：汽车后市场销售秘诀100条 俞士耀　著	汽配销售业务员必读，手把手教授最实用的方法，轻松得来好业绩	快速上岗，专业实效，业绩无忧
	跟行业老手学经销商开发与管理：家电、耐消品、建材家居 黄润霖　著	全部来源于经销商管理的一线问题，作者用丰富的经验将每一个问题落实到最便捷快速的操作方法上去	书中每一个问题都是普通营销人亲口提出的，这些问题你也会遇到，作者进行的解答则精彩实用
白酒	**白酒到底如何卖** 赵海永　著	以市场实战为主，多层次、全方位、多角度地阐释了白酒一线市场操作的最新模式和方法，接地气	实操性强，37个方法、6大案例帮你成功卖酒
	变局下的白酒企业重构 杨永华　著	帮助白酒企业从产业视角看清趋势，找准位置，实现弯道超车的书	行业内企业要减少90%，自己在什么位置，怎么做，都清楚了
	1. 白酒营销的第一本书（升级版） **2. 白酒经销商的第一本书** 唐江华　著	华泽集团湖南开口笑公司品牌部长，擅长酒类新品推广、新市场拓展	扎根一线，实战
	区域型白酒企业营销必胜法则 朱志明　著	为区域型白酒企业提供35条必胜法则，在竞争中赢销的葵花宝典	丰富的一线经验和深厚积累，实操实用
	10步成功运作白酒区域市场 朱志明　著	白酒区域操盘者必备，掌握区域市场运作的战略、战术、兵法	在区域市场的攻伐防守中运筹帷幄，立于不败之地
	酒业转型大时代：微酒精选2014－2015 微酒　主编	本书分为五个部分：当年大事件、那些酒业营销工具、微酒独立策划、业内大调查和十大经典案例	了解行业新动态、新观点，学习营销方法
快消品·食品	**这样打造快消品标杆市场** 罗宏文　著	帮助你解决如何成功打造标杆市场和进行持续增量管理两大问题	一套系统的方法论，通俗易懂，可以直接套用
	5小时读懂快消品营销：中国快消品案例观察 陈海超　著	多年营销经验的一线老手把案例掰开了、揉碎了，从中得出的各种手段和方法给读者以帮助和启发	营销那些事儿的个中秘辛，求人还不一定告诉你，这本书里就有

续表

快消品·食品	**快消品招商的第一本书:从入门到精通** 刘　雷　著	深入浅出,不说废话,有工具方法,通俗易懂	让零基础的招商新人快速学习书中最实用的招商技能,成长为骨干人才
	乳业营销第一书 侯军伟　著	对区域乳品企业生存发展关键性问题的梳理	唯一的区域乳业营销书,区域乳品企业一定要看
	食用油营销第一书 余　盛　著	10 多年油脂企业工作经验,从行业到具体实操	食用油行业第一书,当之无愧
	中国茶叶营销第一书 柏　龑　著	如何跳出茶行业"大文化小产业"的困境,作者给出了自己的观察和思考	不是传统做茶的思路,而是现在商业做茶的思路
	调味品营销第一书 陈小龙　著	国内唯一一本调味品营销的书	唯一的调味品营销的书,调味品的从业者一定要看
	快消品营销人的第一本书:从入门到精通 刘　雷　伯建新　著	快消行业必读书,从入门到专业	深入细致,易学易懂
	变局下的快消品营销实战策略 杨永华　著	通胀了,成本增加,如何从被动应战变成主动的"系统战"	作者对快消品行业非常熟悉、非常实战
	快消品经销商如何快速做大 杨永华　著	本书完全从实战的角度,评述现象,解析误区,揭示原理,传授方法	为转型期的经销商提供了解决思路,指出了发展方向
	一位销售经理的工作心得 蒋　军　著	一线营销管理人员想提升业绩却无从下手时,可以看看这本书	一线的真实感悟
	快消品营销:一位销售经理的工作心得 2 蒋　军　著	快消品、食品饮料营销的经验之谈,重点图书	来源与实战的精华总结
	快消品营销与渠道管理 谭长春　著	将快消品标杆企业渠道管理的经验和方法分享出来	可口可乐、华润的一些具体的渠道管理经验,实战
	成为优秀的快消品区域经理(升级版) 伯建新　著	用"怎么办"分析区域经理的工作关键点,增加30%全新内容,更贴近环境变化	可以作为区域经理的"速成催化器"
	销售轨迹:一位快消品营销总监的拼搏之路 秦国伟　著	本书讲述了一个普通销售员打拼成为跨国企业营销总监的真实奋斗历程	激励人心,给广大销售员以力量和鼓舞
	快消老手都在这样做:区域经理操盘锦囊 方　刚　著	非常接地气,全是多年沉淀下来的干货,丰富的一线经验和实操方法不可多得	在市场摸爬滚打的"老油条",那些独家绝招妙招一般你问都是问不来的
	动销四维:全程辅导与新品上市 高继中　著	从产品、渠道、促销和新品上市详细讲解提高动销的具体方法,总结作者 18 年的快消品行业经验,方法实操	内容全面系统,方法实操

续表

农业	**新农资如何换道超车** 刘祖轲　等著	从农业产业化、互联网转型、行业营销与经营突破四个方面阐述如何让农资企业占领先机、提前布局	南方略专家告诉你如何应对资源浪费、生产效率低下、产能严重过剩、价格与价值严重扭曲等
	中国牧场管理实战：畜牧业、乳业必读 黄剑黎　著	本书不仅提供了来自一线的实际经验，还收入了丰富的工具文档与表单	填补空白的行业必读作品
	中小农业企业品牌战法 韩　旭　著	将中小农业企业品牌建设的方法，从理论讲到实践，具有指导性	全面把握品牌规划，传播推广，落地执行的具体措施
	农资营销实战全指导 张　博　著	农资如何向"深度营销"转型，从理论到实践进行系统剖析，经验资深	朴实、使用！不可多得的农资营销实战指导
	农产品营销第一书 胡浪球　著	从农业企业战略到市场开拓、营销、品牌、模式等	来源于实践中的思考，有启发
	变局下的农牧企业 9 大成长策略 彭志雄　著	食品安全、纵向延伸、横向联合、品牌建设……	唯一的农牧企业经营实操的书，农牧企业一定要看
医药	**在中国，医药营销这样做：时代方略精选文集** 段继东　主编	专注于医药营销咨询 15 年，将医药营销方法的精华文章合编，深入全面	可谓医药营销领域的顶尖著作，医药界读者的必读书
	医药新营销：制药企业、医药商业企业营销模式转型 史立臣　著	医药生产企业和商业企业在新环境下如何做营销？老方法还有没有用？如何寻找新方法？新方法怎么用？本书给你答案	内容非常现实接地气，踏实谈问题说方法
	医药企业转型升级战略 史立臣　著	药企转型升级有 5 大途径，并给出落地步骤及风险控制方法	实操性强，有作者个人经验总结及分析
	新医改下的医药营销与团队管理 史立臣　著	探讨新医改对医药行业的系列影响和医药团队管理	帮助理清思路，有一个框架
	医药营销与处方药学术推广 马宝琳　著	如何用医学策划把"平民产品"变成"明星产品"	有真货、讲真话的作者，堪称处方药营销的经典！
	新医改，医药企业如何应对行业洗牌 林延君　沈　斌　著	一方面，围绕着变革，多角度阐述药企的应对之道；另一方面，紧扣实践，介绍近百家医药企业创新实践案例	医改变革 10 年，医药企业如何应对大洗牌？重磅出击的药企人必读书
	新医改了，药店就要这样开 尚　锋　著	药店经营、管理、营销全攻略	有很强的实战性和可操作性
	电商来了，实体药店如何突围 尚　锋　著	电商崛起，药店该如何突围？本书从促销、会员服务、专业性、客单价等多重角度给出了指导方向	实战攻略，拿来就能用
	OTC 医药代表药店销售 36 计 鄢圣安　著	以《三十六计》为线，写 OTC 医药代表向药店销售的一些技巧与策略	案例丰富，生动真实，实操性强

续表

医药	**OTC 医药代表药店开发与维护** 鄢圣安　著	要做到一名专业的医药代表,需要做什么、准备什么、知识储备、操作技巧等	医药代表药店拜访的指导手册,手把手教你快速上手
	引爆药店成交率 1:店员导购实战 范月明　著	一本书解决药店导购所有难题	情景化、真实化、实战化
	引爆药店成交率 2:经营落地实战 范月明　著	最接地气的经营方法全指导	揭示了药店经营的几类关键问题
	引爆药店成交率:专业化销售解决方案 范月明　著	药品搭配分析与关联销售	为药店人专业化助力
建材家居	**成为最赚钱的家具建材经销商** 李治江　著	从销售模式、产品、门店等老板们最关注和最需要的方面解决问题、提供方法	只要你是建材、家具、家居用品的经销商老板,这就是一本必读的书
	家具行业操盘手 王献永　著	家具行业问题的终结者	解决了干家具还有没有前途?为什么同城多店的家具经销商很难做大做强等问题
	建材家居营销:除了促销还能做什么 孙嘉晖　著	一线老手的深度思考,告诉你在建材家居营销模式基本停滞的今天,除了促销,营销还能怎么做	给你的想法一场革命
	建材家居营销实务 程绍珊　杨鸿贵　主编	价值营销运用到建材家居,每一步都让客户增值	有自己的系统、实战
	建材家居门店销量提升 贾同领　著	店面选址、广告投放、推广助销、空间布局、生动展示、店面运营等	门店销量提升是一个系统工程,非常系统、实战
	10 步成为最棒的建材家居门店店长 徐伟泽　著	实际方法易学易用,让员工能够迅速成长,成为独当一面的好店长	只要坚持这样干,一定能成为好店长
	手把手帮建材家居导购业绩倍增:成为顶尖的门店店员 熊亚柱　著	生动的表现形式,让普通人也能成为优秀的导购员,让门店业绩长红	读着有趣,用着简单,一本在手、业绩无忧
	建材家居经销商实战 42 章经 王庆云　著	告诉经销商:老板怎么当、团队怎么带、生意怎么做	忠言逆耳,看着不舒服就对了,实战总结,用一招半式就值了
工业品	**销售是门专业活:B2B 、工业品** 陆和平　著	销售流程就应该跟着客户的采购流程和关注点的变化向前推进,将一个完整的销售过程分成十个阶段,提供具体方法	销售不是请客吃饭拉关系,是个专业的活计!方法在手,走遍天下不愁
	解决方案营销实战案例 刘祖轲　著	用 10 个真案例讲明白什么是工业品的解决方案式营销,实战、实用	有干货、真正操作过的才能写得出来
	变局下的工业品企业 7 大机遇 叶敦明　著	产业链条的整合机会、盈利模式的复制机会、营销红利的机会、工业服务商转型机会……	工业品企业还可以这样做,思维大突破

续表

工业品	**工业品市场部实战全指导** 杜 忠 著	工业品市场部经理工作内容全指导	系统、全面、有理论、有方法,帮助工业品市场部经理更快提升专业能力
	工业品营销管理实务 李洪道 著	中国特色工业品营销体系的全面深化、工业品营销管理体系优化升级	工具更实战,案例更鲜活,内容更深化
	工业品企业如何做品牌 张东利 著	为工业品企业提供最全面的品牌建设思路	有策略、有方法、有思路、有工具
	丁兴良讲工业 4.0 丁兴良 著	没有枯燥的理论和说教,用朴实直白的语言告诉你工业 4.0 的全貌	工业 4.0 是什么? 本书告诉你答案
	资深大客户经理:策略准,执行狠 叶敦明 著	从业务开发、发起攻势、关系培育、职业成长四个方面,详述了大客户营销的精髓	满满的全是干货
	一切为了订单:订单驱动下的工业品营销实战 唐道明 著	其实,所有的企业都在围绕着两个字在开展全部的经营和管理工作,那就是"订单"	开发订单、满足订单、扩大订单。本书全是实操方法,字字珠玑、句句干货,教你获得营销的胜利
金融	**交易心理分析** (美)马克·道格拉斯 著 刘真如 译	作者一语道破赢家的思考方式,并提供了具体的训练方法	不愧是投资心理的第一书,绝对经典
	精品银行管理之道 崔海鹏 何 屹 主编	中小银行转型的实战经验总结	中小银行的教材很多,实战类的书很少,可以看看
	支付战争 Eric M. Jackson 著 徐 彬 王 晓 译	PayPal 创业期营销官,亲身讲述 PayPal 从诞生到壮大到成功出售的整个历史	激烈、有趣的内幕商战故事! 了解美国支付市场的风云巨变
	中外并购名著专业阅读指南 叶兴平 等著	在 5000 多本并购类图书中精选的 200 著作,在阅读的基础上写的读书评价	精挑细选 200 本并一一评介,省去读者挑选的烦恼,快捷、高效
	互联网时代的银行转型 韩友诚 著	以大量案例形式为读者全面展示和分析了银行的互联网金融转型应对之道	结合本土银行转型发展案例的书籍
房地产	**产业园区/产业地产规划、招商、运营实战** 阎立忠 著	目前中国第一本系统解读产业园区和产业地产建设运营的实战宝典	从认知、策划、招商到运营全面了解地产策划
	人文商业地产策划 戴欣明 著	城市与商业地产战略定位的关键是不可复制性,要发现独一无二的"味道"	突破千城一面的策划困局
	电影院的下一个黄金十年:开发·差异化·案例 李保煜 著	对目前电影院市场存大的问题及如何解决进行了探讨与解读	多角度了解电影院运营方式及代表性案例
能源	**全能型班组:城市能源互联网与电力班组升级** 国网天津市电力公司 编著	借鉴国内外优秀企业的转型升级思路,通过对于新型班组组织模式和运行机制的大胆设想,力图构建充分适应内外环境变化的全能型班组	看看庞大的国企在新环境下是如何顺应时代的
	国网天津电力全能型班组建设实务 国网天津市电力公司 编著	本书聚焦于天津电力公司在探索全能型班组转型升级时的优秀实践	电力行业的班组实践,具体、可操作性强

续表

经营类：企业如何赚钱，如何抓机会，如何突破，如何“开源”			
书名．作者		内容/特色	读者价值
抓方向	让经营回归简单．升级版 宋新宇　著	化繁为简抓住经营本质：战略、客户、产品、员工、成长	经典，做企业就这几个关键点！
	混沌与秩序Ⅰ：变革时代企业领先之道 混沌与秩序Ⅱ：变革时代管理新思维 彭剑锋　尚艳玲　主编	汇集华夏基石专家团队10年来研究成果，集中选择了其中的精华文章编纂成册	作者都是既有深厚理论积淀又有实践经验的重磅专家，为中国企业和企业家的未来提出了高屋建瓴的观点
	活系统：跟任正非学当老板 孙行健　尹　贤　著	以任正非的独到视角，教企业老板如何经营公司	看透公司经营本质，激活企业活力
	重构：快消品企业重生之道 杨永华　著	从7个角度，帮助企业实现系统性的改造	提供转型思想与方法，值得参考
	公司由小到大要过哪些坎 卢　强　著	老板手里的一张“企业成长路线图”	现在我在哪儿，未来还要走哪些路，都清楚了
	企业二次创业成功路线图 夏惊鸣　著	企业曾经抓住机会成功了，但下一步该怎么办？	企业怎样获得第二次成功，心里有个大框架了
	老板经理人双赢之道 陈　明　著	经理人怎养选平台、怎么开局，老板怎样选/育/用/留	老板生闷气，经理人牢骚大，这次知道该怎么办了
	简单思考：AMT咨询创始人自述 孔祥云　著	著名咨询公司（AMT）的CEO创业历程中点点滴滴的经验与思考	每一位咨询人，每一位创业者和管理经营者，都值得一读
	企业文化的逻辑 王祥伍　黄健江　著	为什么企业绩效如此不同，解开绩效背后的文化密码	少有的深刻，有品质，读起来很流畅
	使命驱动企业成长 高可为　著	钱能让一个人今天努力，使命能让一群人长期努力	对于想做事业的人，‘使命’是绕不过去的
思维突破	盈利原本就这么简单 高可为　著	从财务的角度揭示企业盈利的秘密	多方面解读商业模式与盈利的关系，通俗易懂，受益匪浅
	移动互联新玩法：未来商业的格局和趋势 史贤龙　著	传统商业、电商、移动互联，三个世界并存，这种新格局的玩法一定要懂	看清热点的本质，把握行业先机，一本书搞定移动互联网
	画出公司的互联网进化路线图：用互联网思维重塑产品、客户和价值 李　蓓　著	18个问题帮助企业一步步梳理出互联网转型思路	思路清晰、案例丰富，非常有启发性
	重生战略：移动互联网和大数据时代的转型法则 沈　拓　著	在移动互联网和大数据时代，传统企业转型如同生命体打算与再造，称之为“重生战略”	帮助企业认清移动互联网环境下的变化和应对之道
	创造增量市场：传统企业互联网转型之道 刘红明　著	传统企业需要用互联网思维去创造增量，而不是用电子商务去转移传统业务的存量	教你怎么在“互联网＋”的海洋中创造实实在在的增量

续表

思维突破	**7个转变,让公司3年胜出** 李 蓓 著	消费者主权时代,企业该怎么办	这就是互联网思维,老板有能这样想,肯定倒不了
	跳出同质思维,从跟随到领先 郭 剑 著	66个精彩案例剖析,帮助老板突破行业长期思维惯性	做企业竟然有这么多玩法,开眼界
	麻烦就是需求 难题就是商机 卢根鑫 著	如何借助客户的眼睛发现商机	什么是真商机,怎么判断、怎么抓,有借鉴
	互联网+"变"与"不变":本土管理实践与创新论坛集萃·2016 本土管理实践与创新论坛 著	加速本土管理思想的孕育诞生,促进本土管理创新成果更好地服务企业、贡献社会	各个作者本年度最新思想,帮助读者拓宽眼界、突破思维
	消费升级:实践 研究(文集) 本土管理实践与创新论坛 著	38位管理专家及7位学者的精华思想,从经营、管理、行业及思想研究四个方面阐述中国企业在消费升级下的实践与研究	思想启发,行业借鉴
财务	**写给企业家的公司与家庭财务规划——从创业成功到富足退休** 周荣辉 著	本书以企业的发展周期为主线,写各阶段企业与企业主家庭的财务规划	为读者处理人生各阶段企业与家庭的财务问题提供建议及方法,让家庭成员真正享受财富带来的益处
	互联网时代的成本观 程 翔 著	本书结合互联网时代提出了成本的多维观,揭示了多维组合成本的互联网精神和大数据特征,论述了其产生背景、实现思路和应用价值	在传统成本观下为盈利的业务,在新环境下也许就成为亏损业务。帮助管理者从新的角度来看待成本,进一步做好精益管理

管理类:效率如何提升,如何实现经营目标,如何"节流"

书名.作者		内容/特色	读者价值
通用管理	**让管理回归简单·升级版** 宋新宇 著	从目标、组织、决策、授权、人才和老板自己层面教你怎样做管理	帮助管理抓住管理的要害,让管理变得简单
	让经营回归简单·升级版 宋新宇 著	从战略、客户、产品、员工、成长、经营者自身等七个方面,归纳总结出简单有效的经营法则	总结出的真正优秀企业的成功之道:简单
	让用人回归简单 宋新宇 著	从用人的原则、用人的难题与误区、用人的方法和用人者的修炼四大方面,总结出适合中小企业做好人才管理工作的法则	帮助管理者抓住用人的要害,让用人变得简单
	历史深处的管理智慧1:组织建设与用人之道 刘文瑞 著	对历史之典故、政事、人事、政制进行管理解析,鉴照企业人才的选用育留	推动理论与实践的对接,实现理性与情感的渗透,用中国话语说明管理智慧
	历史深处的管理智慧2:战略决策与经营运作 刘文瑞 著	对历史之典故、政事、人事、政制进行管理解析,鉴照企业战略设计与经营实践	推动理论与实践的对接,实现理性与情感的渗透,用中国话语说明管理智慧

续表

通用管理	**历史深处的管理智慧3:领导修炼与文化素养** 刘文瑞　著	对历史之典故、政事、人事、政制进行管理解析,鉴照企业领导职业能力提升与文化修养	推动理论与实践的对接,实现理性与情感的渗透,用中国话语说明管理智慧
	管理的尺度 刘文瑞　著	对管理中的种种普遍性问题进行了批评	提高把握管理尺度的能力
	管理学在中国 刘文瑞　著	系统性介绍了管理学在中国的发展和演变	了解管理学在中国的发展脉络,更清晰理解管理学的本质
	管理:以规则驾驭人性 王春强　著	详细解读企业规则的制定方法	从人与人博弈角度提升管理的有效性
	员工心理学超级漫画版 邢　雷　著	以漫画的形式深度剖析员工心理	帮助管理者更了解员工,从而更轻松地管理员工
	老板有想法,高层有干法:企业中的将、帅之道 王清华　著	深入剖析老板与高管的异同	各司其职,各行其是,相辅相成
	分股合心:股权激励这样做 段磊　周剑　著	通过丰富的案例,详细介绍了股权激励的知识和实行方法	内容丰富全面、易读易懂,了解股权激励,有这一本就够了
	边干边学做老板 黄中强　著	创业20多年的老板,有经验、能写、又愿意分享,这样的书很少	处处共鸣,帮助中小企业老板少走弯路
	成为敏感而体贴的公司 王　涛　著	本书为作者对企业的观察和冥想的随笔记录。从生活中的一个现象入手,进而探索现象背后的本质	从全新角度认识公司
	中国企业的觉醒:正直 善良 成长 王　涛　著	围绕着企业人如何发生转化展开,对中国人、中国文化及由此导致的企业现状的观察和思考	企业除了要利润,还需要道德
	有意识的思考:轻松化解问题的7个思考习惯 王　涛　著	本书是对思想、思考过程、思考方式进行的细致观察	养成好的思考习惯,更深刻地看问题
	中国式阿米巴落地实践之从交付到交易 胡八一　著	本书主要讲述阿米巴经营会计,"从交付到交易",这是成功实施了阿米巴的标志	阿米巴经营会计的工作是有逻辑关联的,一本书就能搞定
	中国式阿米巴落地实践之激活组织 胡八一　著	重点讲解如何科学划分阿米巴单元,阐述划分的实操要领、思路、方法、技术与工具	最大限度减少"推行风险"和"摸索成本",利于公司成功搭建适合自身的个性化阿米巴经营体系
	集团化企业阿米巴实战案例 初勇钢　著	一家集团化企业阿米巴实施案例	指导集团化企业系统实施阿米巴
	阿米巴经营的中国模式 李志华　著	让员工从"要我干"到"我要干",价值量化出来	阿米巴在企业如何落地,明白思路了
	欧博心法:好管理靠修行 曾　伟　著	用佛家的智慧,深刻剖析管理问题,见解独到	如果真的有'中国式管理',曾老师是其中标志性人物
	领导这样点燃你的下属 孟广桥　著	领导者如何才能让员工积极主动地工作?如何让你的员工和下属保持工作的热情,自动自发?看了这本书就知道	只要你希望手下的"兵将"永远充满工作的斗志,这本书将使你获益良多

续表

流程管理	**1. 用流程解放管理者** **2. 用流程解放管理者 2** 张国祥　著	中小企业阅读的流程管理、企业规范化的书	通俗易懂，理论和实践的结合恰到好处
	跟我们学建流程体系 陈立云　著	畅销书《跟我们学做流程管理》系列，更实操，更细致，更深入	更多地分享实践，分享感悟，从实践总结出来的方法论
质量管理	IATF16949 **质量管理体系详解与案例文件汇编：**TS16949 **转版** IATF16949：2016 谭洪华　著	针对 IATF 的新标准做了详细的解说，同时指出了一些推行中容易犯的错误，提供了大量的表单、案例	案例、表单丰富，拿来就用
	五大质量工具详解及运用案例：APQP/FMEA/PPAP/MSA/SPC 谭洪华　著	对制造业必备的五大质量工具中每个文件的制作要求、注意事项、制作流程、成功案例等进行了解读	通俗易懂、简便易行，能真正实现学以致用
	ISO9001：2015 新版质量管理体系详解与案例文件汇编 谭洪华　著	紧密围绕 2015 年新版质量管理体系文件逐条详细解读，并提供可以直接套用的案例工具，易学易上手	企业质量管理认证、内审必备
	ISO14001：2015 新版环境管理体系详解与案例文件汇编 谭洪华　著	紧密围绕 2015 年新版环境管理体系文件逐条详细解读，并提供可以直接套用的案例工具，易学易上手	企业环境管理认证、内审必备
	SA8000：2014 社会责任管理体系认证实战 吕　林　著	作者根据自己的操作经验，按认证的流程，以相关案例进行说明 SA8000 认证体系	简单，实操性强，拿来就能用
	精益质量管理实战工具 贺小林　著	制造类企业日常工作中所需要的精益管理工具的归纳整理，并进行案例操作的细致分析	可以直接参考，实际解决生产中的具体问题
战略落地	**重生——中国企业的战略转型** 施　炜　著	从前瞻和适用的角度，对中国企业战略转型的方向、路径及策略性举措提出了一些概要性的建议和意见	对企业有战略指导意义
	公司大了怎么管：从靠英雄到靠组织 AMT 金国华　著	第一次详尽阐释中国快速成长型企业的特点、问题及解决之道	帮助快速成长型企业领导及管理团队理清思路，突破瓶颈
	低效会议怎么改：每年节省一半会议成本的秘密 AMT 王玉荣　著	教你如何系统规划公司的各级会议，一本工具书	教会你科学管理会议的办法
	年初订计划，年尾有结果：战略落地七步成诗 AMT 郭晓　著	7 个步骤教会你怎么让公司制定的战略转变为行动	系统规划，有效指导计划实现

续表

人力资源	**HRBP是这样炼成的之"菜鸟起飞"** 新　海　著	以小说的形式,具体解析HRBP的职责,应该如何操作,如何为业务服务	实践者的经验分享,内容实务具体,形式有趣
	HRBP是这样炼成的之中级修炼 新　海　著	本书以案例故事的方式,介绍了HRBP在实际工作中碰到的问题和挑战	书中的HR解决方案讲究因时因地制宜、简单有效的原则,重在启发读者思路,可供各类企业HRBP借鉴
	HRBP是这样炼成的之高级修炼 新　海　著	以故事的形式,展现了HRBP工作者在职业发展路上的层层深入和递进	为读者提供HRBP在实际工作中遇到种种问题的解决方案
	把面试做到极致:首席面试官的人才甄选法 孟广桥　著	作者用自己几十年的人力资源经验总结出的一套实用的确定岗位招聘标准、提升面试官技能素质的简便方法	面试官必备,没有空泛理论,只有巧妙的实操技能
	人力资源体系与e-HR信息化建设 刘书生　陈　莹　王美佳　著	将作者经历的人力资源管理变革、人力资源管理信息化咨询项目方法论、工具和成果全面展现给读者,使大家能够将其快速应用到管理实践中	系统性非常强,没有废话,全部是浓缩的干货
	回归本源看绩效 孙　波　著	让绩效回顾"改进工具"的本源,真正为企业所用	确实是来源于实践的思考,有共鸣
	世界500强资深培训经理人教你做培训管理 陈　锐　著	从7大角度具体细致地讲解了培训管理的核心内容	专业、实用、接地气
	曹子祥教你做激励性薪酬设计 曹子祥　著	以激励性为指导,系统性地介绍了薪酬体系及关键岗位的薪酬设计模式	深入浅出,一本书学会薪酬设计
	曹子祥教你做绩效管理 曹子祥　著	复杂的理论通俗化,专业的知识简单化,企业绩效管理共性问题的解决方案	轻松掌握绩效管理
	把招聘做到极致 远　鸣　著	作为世界500强高级招聘经理,作者数十年招聘经验的总结分享	带来职场思考境界的提升和具体招聘方法的学习
	人才评价中心.超级漫画版 邢　雷　著	专业的主题,漫画的形式,只此一本	没想到一本专业的书,能写成这效果
	走出薪酬管理误区 全怀周　著	剖析薪酬管理的8大误区,真正发挥好枢纽作用	值得企业深读的实用教案
	集团化人力资源管理实践 李小勇　著	对搭建集团化的企业很有帮助,务实,实用	最大的亮点不是理论,而是结合实际的深入剖析
	我的人力资源咨询笔记 张　伟　著	管理咨询师的视角,思考企业的HR管理	通过咨询师的眼睛对比很多企业,有启发
	本土化人力资源管理8大思维 周　剑　著	成熟HR理论,在本土中小企业实践中的探索和思考	对企业的现实困境有真切体会,有启发

续表

企业文化	**36 个拿来就用的企业文化建设工具** 海融心胜　主编	数十个工具，为了方便拿来就用，每一个工具都严格按照工具属性、操作方法、案例解读划分，实用、好用	企业文化工作者的案头必备书，方法都在里面，简单易操作
	企业文化建设超级漫画版 邢　雷　著	以漫画的形式系统教你企业文化建设方法	轻松易懂好操作
	华夏基石方法：企业文化落地本土实践 王祥伍　谭俊峰　著	十年积累、原创方法、一线资料，和盘托出	在文化落地方面真正有洞察，有实操价值的书
	企业文化的逻辑 王祥伍　著	为什么企业之间如此不同，解开绩效背后的文化密码	少有的深刻，有品质，读起来很流畅
	企业文化激活沟通 宋杼宸　安　琪　著	透过新任 HR 总经理的眼睛，揭示出沟通与企业文化的关系	有实际指导作用的文化落地读本
	在组织中绽放自我：从专业化到职业化 朱仁健　王祥伍　著	个人如何融入组织，组织如何助力个人成长	帮助企业员工快速认同并投入到组织中去，为企业发展贡献力量
	企业文化定位·落地一本通 王明胤　著	把高深枯燥的专业理论创建成一套系统化、实操化、简单化的企业文化缔造方法	对企业文化不了解，不会做？有这一本从概念到实操，就够了
生产管理	**精益思维：中国精益如何落地** 刘承元　著	笔者二十余年企业经营和咨询管理的经验总结	中国企业需要灵活运用精益思维，推动经营要素与管理机制的有机结合，推动企业管理向前发展
	300 张现场图看懂精益 5S 管理 乐　涛　编著	5S 现场实操详解	案例图解，易懂易学
	高员工流失率下的精益生产 余伟辉　著	中国的精益生产必须面对和解决高员工流失率问题	确实来源于本土的工厂车间，很务实
	车间人员管理那些事儿 岑立聪　著	车间人员管理中处理各种“疑难杂症”的经验和方法	基层车间管理者最闹心、头疼的事，‘打包’解决
	1. 欧博心法：好管理靠修行 **2. 欧博心法：好工厂这样管** 曾　伟　著	他是本土最大的制造业管理咨询机构创始人，他从400 多个项目、上万家企业实践中锤炼出的欧博心法	中小制造型企业，一定会有很强的共鸣
	欧博工厂案例 1：生产计划管控对话录 **欧博工厂案例 2：品质技术改善对话录** **欧博工厂案例 3：员工执行力提升对话录** 曾　伟　著	最典型的问题、最详尽的解析，工厂管理 9 大问题 27 个经典案例	没想到说得这么细，超出想象，案例很典型，照搬都可以了
	工厂管理实战工具 欧博企管　编著	以传统文化为核心的管理工具	适合中国工厂

续表

生产管理	**苦中得乐:管理者的第一堂必修课** 曾 伟 编著	曾伟与师傅大愿法师的对话,佛学与管理实践的碰撞,管理禅的修行之道	用佛学最高智慧看透管理
	比日本工厂更高效1:管理提升无极限 刘承元 著	指出制造型企业管理的六大积弊;颠覆流行的错误认知;掌握精益管理的精髓	每一个企业都有自己不同的问题,管理没有一剑封喉的秘笈,要从现场、现物、现实出发
	比日本工厂更高效2:超强经营力 刘承元 著	企业要获得持续盈利,就要开源和节流,即实现销售最大化,费用最小化	掌握提升工厂效率的全新方法
	比日本工厂更高效3:精益改善力的成功实践 刘承元 著	工厂全面改善系统有其独特的目的取向特征,着眼于企业经营体质(持续竞争力)的建设与提升	用持续改善力来飞速提升工厂的效率,高效率能够带来意想不到的高效益
	3A顾问精益实践1:IE与效率提升 党新民 苏迎斌 蓝旭日 著	系统的阐述了IE技术的来龙去脉以及操作方法	使员工与企业持续获利
	3A顾问精益实践2:JIT与精益改善 肖志军 党新民 著	只在需要的时候,按需要的量,生产所需的产品	提升工厂效率
	手把手教你做专业的生产经理 黄 娜 著	物流、信息流、资金流,让生产经理管理有抓手	从菜鸟到能把控全局
员工素质提升	**TTT培训师精进三部曲(上):深度改善现场培训效果** 廖信琳 著	现场把控不用慌,这里有妙招一用就灵	课程现场无论遇到什么样的情况都能游刃有余
	TTT培训师精进三部曲(中):构建最有价值的课程内容 廖信琳 著	这样做课程内容,学员有收获 培训师也有收获	优质的课程内容是树立个人品牌的保证
	TTT培训师精进三部曲(下):职业功力沉淀与修为提升 廖信琳 著	从内而外提升自己,职业的道路一帆风顺	走上职业TTT内训师的康庄大道
	培训师,如何让你的事业长青:自我管理的10项法则 廖信琳 著	建立了一套完整的培训师自我管理体系,为培训师的职业成长与发展提供有益的指引	培训师如何在自己的职业道路上越走越高,事业长青,一直有所收获与成长?本书将给你答案
	管理咨询师的第一本书:百万年薪 千万身价 熊亚柱 著	从问题出发,发现问题、分析问题、解决问题,让两眼一抹黑的新人快速成长	管理咨询师初入职场,让这本书开启百万年薪之路
	手把手教你做专业督导:专卖店、连锁店 熊亚柱 著	从督导的职能、作用,在工作中需要的专业技能、方法,都提供了详细的解读和训练办法,同时附有大量的表单工具	无论是店铺需要统一培训,还是个人想成为优秀的督导,有这一本就够了

续表

员工素质提升	**跟老板"偷师"学创业** 吴江萍　余晓雷　著	边学边干,边观察边成长,你也可以当老板	不同于其他类型的创业书,让你在工作中积累创业经验,一举成功
	销售轨迹:一位快消品营销总监的拼搏之路 秦国伟　著	本书讲述了一个普通销售员打拼成为跨国企业营销总监的真实奋斗历程	激励人心,给广大销售员以力量和鼓舞
	在组织中绽放自我:从专业化到职业化 朱仁健　王祥伍　著	个人如何融入组织,组织如何助力个人成长	帮助企业员工快速认同并投入到组织中去,为企业发展贡献力量
	企业员工弟子规:用心做小事,成就大事业 贾同领　著	从传统文化《弟子规》中学习企业中为人处事的办法,从自身做起	点滴小事,修养自身,从自身的改善得到事业的提升
	手把手教你做顶尖企业内训师:TTT 培训师宝典 熊亚柱　著	从课程研发到现场把控、个人提升都有涉及,易读易懂,内容丰富全面	想要做企业内训师的员工有福了,本书教你如何抓住关键,从入门到精通

营销类:把客户需求融入企业各环节,提供"客户认为"有价值的东西

	书名. 作者	内容/特色	读者价值
营销模式	**精品营销战略** 杜建君　著	以精品理念为核心的精益战略和营销策略	用精品思维赢得高端市场
	变局下的营销模式升级 程绍珊　叶　宁　著	客户驱动模式、技术驱动模式、资源驱动模式	很多行业的营销模式被颠覆,调整的思路有了!
	卖轮子 科克斯【美】	小说版的营销学! 营销理念巧妙贯穿其中,贵在既有趣,又有深度	经典、有趣! 一个故事读懂营销精髓
	动销操盘:节奏掌控与社群时代新战法 朱志明　著	在社群时代把握好产品生产销售的节奏,解析动销的症结,寻找动销的规律与方法	都是易读易懂的干货!对动销方法的全面解析和操盘
	弱势品牌如何做营销 李政权　著	中小企业虽有品牌但没名气,营销照样能做的有声有色	没有丰富的实操经验,写不出这么具体、详实的案例和步骤,很有启发
	老板如何管营销 史贤龙　著	高段位营销 16 招,好学好用	老板能看,营销人也能看
	洞察人性的营销战术:沈坤教你 28 式 沈　坤　著	28 个匪夷所思的营销怪招令人拍案叫绝,涉及商业竞争的方方面面,大部分战术可以直接应用到企业营销中	各种谋略得益于作者的横向思维方式,将其操作过的案例结合其中,提供的战术对读者有参考价值
	动销:产品是如何畅销起来的 吴江萍　余晓雷　著	真真切切告诉你,产品究竟怎么才能卖出去	击中痛点,提供方法,你值得拥有
	1000 铁杆女粉丝 张兵武　著	连接是女性与生俱来的特质。能善用连接的营销人员,就像拿到打开女性荷包的钥匙	重新认识女性的传播力量
	360°谈营销:一位营销咨询师 20 年实战洞察 王清华　古怀亮　著	各个角度,全方位,多视点剥营销	思路单一,此书帮你破

续表

销售	**资深大客户经理:策略准,执行狠** 叶敦明　著	从业务开发、发起攻势、关系培育、职业成长四个方面,详述了大客户营销的精髓	满满的全是干货
	成为资深的销售经理:B2B、工业品 陆和平　著	围绕"销售管理的六个关键控制点"一一展开,提供销售管理的专业、高效方法	方法和技术接地气,拿来就用,从销售员成长为经理不再犯难
	销售是门专业活:B2B、工业品 陆和平　著	销售流程就应该跟着客户的采购流程和关注点的变化向前推进,将一个完整的销售过程分成十个阶段,提供具体方法	销售不是请客吃饭拉关系,是个专业的活计!方法在手,走遍天下不愁
	向高层销售:与决策者有效打交道 贺兵一　著	一套完整有效的销售策略	有工具,有方法,有案例,通俗易懂
	卖轮子 科克斯　【美】	小说版的营销学!营销理念巧妙贯穿其中,贵在既有趣,又有深度	经典、有趣!一个故事读懂营销精髓
	学话术　卖产品 张小虎　著	分析常见的顾客异议,将优秀的话术模块化	让普通导购员也能成为销售精英
组织和团队	**升级你的营销组织** 程绍珊　吴越舟　著	用"有机性"的营销组织替代"营销能人",营销团队变成"铁营盘"	营销队伍最难管,程老师不愧是营销第1操盘手,步骤方法都很成熟
	用数字解放营销人 黄润霖　著	通过量化帮助营销人员提高工作效率	作者很用心,很好的常备工具书
	成为优秀的快消品区域经理(升级版) 伯建新　著	用"怎么办"分析区域经理的工作关键点,增加30%全新内容,更贴近环境变化	可以作为区域经理的"速成催化器"
	成为资深的销售经理:B2B、工业品 陆和平　著	围绕"销售管理的六个关键控制点"一一展开,提供销售管理的专业、高效方法	方法和技术接地气,拿来就用,从销售员成长为经理不再犯难
	一位销售经理的工作心得 蒋　军　著	一线营销管理人员想提升业绩却无从下手时,可以看看这本书	一线的真实感悟
	快消品营销:一位销售经理的工作心得2 蒋　军　著	快消品、食品饮料营销的经验之谈,重点突出	来源于实战的精华总结
	销售轨迹:一位快消品营销总监的拼搏之路 秦国伟　著	本书讲述了一个普通销售员打拼成为跨国企业营销总监的真实奋斗历程	激励人心,给广大销售员以力量和鼓舞
	用营销计划锁定胜局:用数字解放营销人2 黄润霖　著	全方位教你怎么做好营销计划,好学好用真简单	照搬套用就行,做营销计划再也不头痛
	快消品营销人的第一本书:从入门到精通 刘　雷　伯建新　著	快消行业必读书,从入门到专业	深入细致,易学易懂

续表

产品	**产品研发管理实战** 任彭枞　编著	产品研发管理体系全指导	既有工具,又能开拓思路
	新产品开发管理,就用IPD 郭富才　著	10年IPD研发管理咨询总结,国内首部IPD专业著作	一本书掌握IPD管理精髓
	资深项目经理这样做新产品开发管理 秦海林　著	以IPD为思想,系统讲解新产品开管理的细节	提供管理思路和实用工具
	产品炼金术Ⅰ:如何打造畅销产品 史贤龙　著	满足不同阶段、不同体量、不同行业企业对产品的完整需求	必须具备的思维和方法,避免在产品问题上走弯路
	产品炼金术Ⅱ:如何用产品驱动企业成长 史贤龙　著	做好产品、关注产品的品质,就是企业成功的第一步	必须具备的思维和方法,避免在产品问题上走弯路
品牌	**中小企业如何建品牌** 梁小平　著	中小企业建品牌的入门读本,通俗、易懂	对建品牌有了一个整体框架
	采纳方法:破解本土营销8大难题 朱玉童　编著	全面、系统、案例丰富、图文并茂	希望在品牌营销方面有所突破的人,应该看看
	中国品牌营销十三战法 朱玉童　编著	采纳20年来的品牌策划方法,同时配有大量的案例	众包方式写作,丰富案例给人启发,极具价值
	今后这样做品牌:移动互联时代的品牌营销策略 蒋　军　著	与移动互联紧密结合,告诉你老方法还能不能用,新方法怎么用	今后这样做品牌就对了
	中小企业如何打造区域强势品牌 吴　之　著	帮助区域的中小企业打造自身品牌,如何在强壮自身的基础上往外拓展	梳理误区,系统思考品牌问题,切实符合中小区域品牌的自身特点进行阐述
渠道通路	**快消品营销与渠道管理** 谭长春　著	将快消品标杆企业渠道管理的经验和方法分享出来	可口可乐、华润的一些具体的渠道管理经验,实战
	传统行业如何用网络拿订单 张　进　著	给老板看的第一本网络营销书	适合不懂网络技术的经营决策者看
	采纳方法:化解渠道冲突 朱玉童　编著	系统剖析渠道冲突,21个渠道冲突案例、情景式讲解,37篇讲义	系统、全面
	学话术　卖产品 张小虎　著	分析常见的顾客异议,将优秀的话术模块化	让普通导购员也能成为销售精英
	向高层销售:与决策者有效打交道 贺兵一　著	一套完整有效的销售策略	有工具,有方法,有案例,通俗易懂
	通路精耕操作全解:快消品20年实战精华 周　俊　陈小龙　著	通路精耕的详细全解,每一步的具体操作方法和表单全部无保留提供	康师傅二十年的经验和精华,实践证明的最有效方法,教你如何主宰通路

续表

管理者读的文史哲·生活			
书名.作者		内容/特色	读者价值
思想·文化	**德鲁克管理思想解读** 罗　珉　著	用独特视角和研究方法，对德鲁克的管理理论进行了深度解读与剖析	不仅是摘引和粗浅分析，还是作者多年深入研究的成果，非常可贵
	德鲁克与他的论敌们：马斯洛、戴明、彼得斯 罗　珉　著	几位大师之间的论战和思想碰撞令人受益匪浅	对大师们的观点和著作进行了大量的理论加工，去伪存真、去粗存精，同时有自己独特的体系深度
	德鲁克管理学 张远凤　著	本书以德鲁克管理思想的发展为线索，从一个侧面展示了20世纪管理学的发展历程	通俗易懂，脉络清晰
	王阳明"万物一体"论：从"身－体"的立场看（修订版） 陈立胜　著	以身体哲学分析王阳明思想中的"仁"与"乐"	进一步了解传统文化，了解王阳明的思想
	自我与世界：以问题为中心的现象学运动研究 陈立胜　著	以问题为中心，对现象学运动中的"意向性""自我""他人""身体"及"世界"各核心议题之思想史背景与内在发展理路进行深入细致的分析	深入了解现象学中的几个主要问题
	作为身体哲学的中国古代哲学 张再林　著	上篇为中国古代身体哲学理论体系奠基性部分，下篇对由"上篇"所开出的中国身体哲学理论体系的进一步的阐发和拓展	了解什么是真正原生态意义上的中国哲学，把中国传统哲学与西方传统哲学加以严格区别
	中西哲学的歧异与会通 张再林　著	本书以一种现代解释学的方法，对中国传统哲学内在本质尝试一种全新的和全方位的解读	发掘出掩埋在古老传统形式下的现代特质和活的生命，在此基础上揭示中西哲学"你中有我，我中有你"之旨
	治论：中国古代管理思想 张再林　著	本书主要从儒、法墨三家阐述中国古代管理思想	看人本主义的管理理论如何不留斧痕地克服似乎无法调解的存在于人类社会行为与社会组织中的种种两难和对立
	车过麻城 再晤李贽 张再林　著	系统全面而又简明扼要地展示了李贽独到的学术眼力和超拔的理论建树	帮助读者重新认识李贽的思想
	中国古代政治制度（修订版）上：皇帝制度与中央政府 刘文瑞　著	全面论证了古代皇帝制度的形成和演变的历程	有助于读者从政治制度角度了解中国国情的历史渊源
	中国古代政治制度（修订版）下：地方体制与官僚制度 刘文瑞　著	全面论证了古代地方政府的发展演变过程	有助于读者从政治制度角度了解中国国情的历史渊源

续表

思想·文化	**中国思想文化十八讲(修订版)** 张茂泽　著	中国古代的宗教思想文化,如对祖先崇拜、儒家天命观、中国古代关于“神”的讨论等	宗教文化和人生信仰或信念紧密相联,在文化转型时期学习和研究中国宗教文化就有特别的现实意义
	史幼波《大学》讲记 史幼波　著	用儒释道的观点阐释大学的深刻思想	一本书读懂传统文化经典
	史幼波《周子通书》《太极图说》讲记 史幼波　著	把形而上的宇宙、天地,与形而下的社会、人生、经济、文化等融合在一起	将儒家的一整套学修系统融合起来
	史幼波《中庸》讲记(上下册) 史幼波　著	全面、深入浅出地揭示儒家中庸文化的真谛	儒释道三家思想融会贯通
	梁涛讲《孟子》之万章篇 梁　涛　著	《万章》主要记录孟子与万章的对话,涉及孝道、亲情、友情、出仕为官等	作者的解读能帮助读者更好地理解孟子及儒学
	两晋南北朝十二讲(修订版) 李文才　著	作为一本普及性读物,作者尊重史实,运用“历史心理学”的叙事方法,分12个专题对两晋南北朝的历史进行阐述	让读者轻松了解两晋南北朝的历史
	每个中国人身上的春秋基因 史贤龙　著	春秋368年(公元前770–公元前403年),每一个中国人都可以在这段时期的历史中找到自己的祖先,看到真实发生的事件,同时也看到自己	长情商、识人心
	与《老子》一起思考:德篇 史贤龙　著	打通文史,回归哲慧,纵贯古今,放眼中外,妙语迭出,在当今的老子读本中别具一格	深读有深读的回味,浅尝有浅尝的机敏,可给读者不同的启发
	说服天下:《鬼谷子》的中国沟通术 翟玉忠　著	由内圣而外王,从心力的培育到具体的说服理论,再到生动的说服案例	从商业到军事再到日常生活,沟通说服已经变得越来越重要
	郑子太极拳理拳法 杨竣雄　著	走进郑子太极拳完整训练体系的大门,随着书中另一主角——师父的课程安排与每日功课的练习	当您学完这套书后,在掌握拳架的同时具备诸多正确的太极理念与系统知识
	内功太极拳训练教程 王铁仁　编著	杨式(内功)太极拳(俗称老六路)的详细介绍及具体修炼方法,身心的一次升华	书中含有大量图解并有相关视频供读者同步学习
	中医治心脏病 马宝琳　著	引用众多真实案例,客观真实地讲述了中西医对于心脏病的认识及治疗方法	看完这本书,能为您节约10万元医药费